12. Jh.	Hamburg unter der Herrschaft der Grafen von Schauenburg. Sie fördern den Fernhandel. Im Gebiet der Neuen Burg entwickelt sich die Neustadt mit der St.-Nikolai-Kirche.
1201-27	Hamburg gelangt in den Besitz der Dänen. Sie vereinen Alt- und Neustadt und geben der Siedlung (1500 Einw.) das Stadtrecht (1220).
1227	Die Dänen müssen sich zurückziehen. Neue Flächen werden besiedelt. Hamburg erwirbt sich innerhalb der Hanse eine bedeutende Stellung.
1284	Erster großer Stadtbrand.
1359	Privileg Karls IV.: Die Stadt darf über Seeräuber richten und macht sich um die Sicherung der Seewege verdient. Die Export-Brauerei stärkt Hamburgs Handel gewaltig.
1510	Hamburg, inzwischen mit ca. 13.000 Einwohnern, wird Reichsstadt.
1558	Gründung der ersten deutschen Börse, Zusammenschluss von Hafenstädten zum „Gemeinen Kaufmann". Der Tuchhandel blüht auf.
1616-25	Durch den Bau eines Walls kann Hamburg Verwüstungen im 30-jährigen Krieg vermeiden.
1712	Die Pest tötet 10.000 der 70.000 Einwohner. Mit dem „Rezeß" wird die Grundlage der Verfassung gelegt.
1768	Gottorfer Vertrag von 1768: Dänemark erkennt die Unabhängigkeit Hamburgs an.
Ende 18. Jh.	Eine schlechte Wirtschaftslage und Naturkatastrophen führen zu großer sozialer Not.
1806-14	Hamburg unter der Herrschaft Napoleons.
1815	Die Stadt tritt als Freie und Hansestadt dem Deutschen Bund bei.
1842	Großer Stadtbrand: 50 % der Gebäude werden zerstört. Neuaufbau nach modernem Konzept.
1867	Eintritt in den Norddeutschen Bund.

2. *Hamburg 1943: Zerstörungen im Bereich des Rathauses durch Luftangriffe.*

1881 Beitritt Hamburgs zum Zollverein, Ausbau des Freihafens.

1892 Cholera-Epidemie mit 8600 Toten. Ein Wohnpflegegesetz ermöglicht den Abriss der Elendsviertel.

1913 Hamburg hat mehr als 1 Million Einwohner.

1923 Der Putsch des Kommunisten Ernst Thälmann wird von der Polizei niedergeschlagen.

1937 Im Großhamburg-Gesetz erhält die Hansestadt die heutigen Stadtteile Harburg-Wilhelmsburg, Altona und Wandsbek zugesprochen, tritt dafür andere Gebiete an Preußen ab.

1943 Alliierte Bomber zerstören die Hälfte der Stadt (24.-26.7.)

1962 Flutkatastrophe mit 317 Todesopfern.

1974 Fertigstellung der markanten Köhlbrandbrücke.

1997 Beschluss, die Hafencity zu bauen.

2007 Baubeginn Überseequartier und Elbphilharmonie.

3. Die Elbphilharmonie, neues Wahrzeichen Hamburgs in der Hafencity, in einer späten Bauphase 2014.

Willkommen in Hamburg!

Wir wünschen einen angenehmen Aufenthalt

Welcome to Hamburg – so begrüßt die Lautsprecherstimme am „Willkomm Höft" die Schiffe auf ihrem Weg in den Hamburger Hafen. Ebenso heißen wir auch Sie, die Benutzer des vorliegenden Büchleins, herzlich willkommen. Es soll Ihnen helfen, im Häusermeer der Millionenstadt – 1,8 Mio. Einwohner, 755 km^2 Fläche – die touristischen Highlights aufzuspüren und geschichtlich einzuordnen. Der vorgeschlagene Rundgang ab Hauptbahnhof dauert etwa 4 Stunden (ohne Innenbesichtigungen), so dass der Besucher mindestens eine Pause einplanen oder aber sich die Tour beliebig in zwei oder mehrere Teilabschnitte einteilen sollte. Dabei empfiehlt es sich, den Abschnitt westlich des „Michel" gesondert und in den Abendstunden zu erkunden, wenn die Reeperbahn erst richtig zum Leben erwacht. Hier, wie bei den Ausflügen in Hamburgs weiter entfernte Stadtteile, macht das enge Netz der Bahnen und Busse den eigenen PKW leicht entbehrlich. Zum Hamburg-Besuch gehört außerdem obligatorisch die Hafenrundfahrt, die vorbei an zahllosen großen und kleinen Schiffen, an Kaianlagen und Landungsbrücken, an Lagerhäusern und der berühmten Werft Blohm & Voss führt und an vielen Stellen entlang des nördlichen Elbufers in unterschiedlichen Variationen angeboten wird.

Im Hintergrund erheben sich neben modernen Großbauten die Türme der St.-Pauli-Landungsbrücken und des „Michel" sowie die einmalige Speicherstadt als Wahrzeichen des Hafengebiets [4]. Den Turm des stolzen Rathauses wiederum genießt man am besten bei einer Schiffstour auf der Alster, dem einzigartigen

Wassersportzentrum inmitten der Großstadt. Zusammen mit der Elbe und den zahlreichen Kanälen trägt die Alster samt den angrenzenden Parks zum positiven Image der grünen Weltstadt am Wasser bei. Über Kanäle, die man hier „Fleete“ nennt, führen 2321 Brücken, mehr als sie irgendeine andere Stadt der Welt besitzt. Daneben eilt Hamburg der Ruf eines Zentrums der Kultur und der Unterhaltung voraus. Neben ungezählten Etablissements der Vergnügungsviertel, die keine Sperrstunde kennen, gehören hierzu der weltberühmte Fischmarkt ebenso wie die zahllosen In-Lokale, Casinos, Shows und Musicals, aber auch die Museen mit weltbekannten Exponaten und die berühmten Theater der Stadt. Das Negativ-Image Hamburgs als eine Stadt der Regenschirme widerlegt die Statistik: Hier regnet es nicht häufiger als im Süden Deutschlands. Dennoch haben hanseatische Städteplaner und Investoren hier eine eindrucksvolle Shoppinglandschaft mit einem wahren Labyrinth von

überdachten Einkaufspassagen geschaffen, die ausgedehnteste in Deutschland. Sie trägt dazu bei, dass die Hansestadt zu jeder Jahreszeit und unabhängig vom Wetter für die Touristen attraktiv ist, von denen durchschnittlich mehr als 150.000 pro Tag Hamburg besuchen, bekannt als das Tor zur Welt. Diesem Anspruch versucht auch die Tourismus-Wirtschaft gerecht zu werden mit anspruchsvollen wie gutbürgerlichen Hotels und Restaurants. Die Tourismus-Zentrale Hamburg bietet dem Besucher eine interessante Palette von Pauschalangeboten mit den vielfältigsten Kombinationsmöglichkeiten, angefangen von der Hamburg-Card bis hin zu Theater-, Musical- und Varieteábenden, Ausflügen zum Tierpark Hagenbeck oder Schiffstouren bis nach Helgoland, kulinarischen Erkundungen oder dem Besuch der Festlichkeiten an Silvester, Ostern oder zum Hafengeburtstag.

Hamburg, obgleich größte deutsche Industriestadt und in ihrem Kern 1842 durch Brand und 1943 durch Bombardierung zerstört, ist außergewöhnlich schön und zu jeder Jahreszeit eine Reise wert!

4. Windjammer vor der markanten Skyline von St. Pauli mit den Landungsbrücken und dem „Michel“.

5. Umfassender Blick über Hamburgs Stadtmitte: im Vordergrund moderne Hafenanlagen, rechts der Alstermündung die Hafencity, in der Mitte oben die Binnen- und Außenalster.

Ein Rundgang durch Hamburgs Altstadt

Die Einkaufsmeile Mönckebergstraße

Wir beginnen und beenden den Erkundungsgang zu den historischen Sehenswürdigkeiten am ***Hauptbahnhof*** **A**. Diese größte freitragende Bahnhofshalle Deutschlands, 120 x 140 m groß, beherbergt unter ihrem 35 m hohen Dach aus Stahl und Glas eine Vielzahl von Restaurants, Kiosken und Läden, die auch durch ihre attraktiven Öffnungszeiten am Abend wie am Wochenende vielen Kundenwünschen entgegenkommen. Ähnlich verwirrend sind auf den ersten Blick die Ausgänge nach allen Himmelsrichtungen. Um die Altstadt zu erreichen, orientieren wir uns in Richtung Steintorwall. Vom ***Vorplatz*** [7] werfen wir einen Blick zurück auf das wuchtige Gebäude, erbaut zu Beginn des 20. Jahrhunderts in wilhelminischem Stil und mehrfach umgebaut und erweitert. Halblinks gegenüber, auf der anderen Seite des Steintorwalls, beginnt die ***Mönckebergstraße*** **B** [6], die umsatzträchtigste Einkaufsmeile der Stadt. Hier reihen sich die Filialgebäude der großen deutschen Kaufhausketten, ergänzt durch zahlreiche renommierte Fachgeschäfte für junge Mode wie für zeitlose Bekleidung, für Schuhe, Uhren und Schmuck. Eine Viertelmillion Besucher passiert Tag für Tag diesen „Boulevard der Einkaufsträume" und lässt sich dabei von Straßenmusikanten und Gauklern unterhalten. Nach der

6. Die Einkaufsmeile Mönckebergstraße mit Blick auf den Turm der St.-Petri-Kirche.

7. *Die wuchtig wirkende Fassade des Hamburger Hauptbahnhofs.*

Fertigstellung des Hauptbahnhofs hatte die Stadt eine Bresche durch das Altstadtgebiet zwischen Bahnhof und Rathausmarkt schlagen und die Einkaufsstraße anlegen lassen, unter der sich die gleichzeitig erbaute U-Bahn verbirgt. Aus der Bauzeit nach 1910 sind im Bereich der Hausnummern 7 bis 11, links, noch einige Fassaden erhalten. Über der linken Häuserzeile weist uns ein schlanker Turm den Weg zur ***Hauptkirche St. Jacobi*** **C** nahe des U-Bahnhofs Mönckebergstraße. Der Bau entstand überwiegend im 14. Jahrhundert, wurde jedoch 1944 weitgehend durch Bomben zerstört. Beim Wiederaufbau ab 1951 erhielt die Kirche den heutigen modernen Turm. Im Innern sind der St.-Lukas- (1499), St.-Petri- (1508) und der St.-Trinitatis-Altar (16. Jh.) erhalten, ebenso die steinerne Kanzel (1610). Berühmt ist jedoch vor allem die ***Schnitger-Orgel*** (1689-93) [8], auf der einst Johann Sebastian Bach spielte. Zurück in der Mönckebergstraße, gefällt rechts das klassizistische Bauwerk, das als Bücherhalle entstand und an einen dorischen Tempel erinnert. Es ist ein Werk des Baudirektors Fritz Schumacher, der die Mönckebergstraße weitgehend plante. Auch der Brunnen (1913-15) vor den Säulen, gestaltet von Georg Wrba, geht auf seinen Entwurf zurück. Der löwenbekrönte Pfeiler, flankiert von Bronzestatuen, zeigt ein Porträt des Bürgermeisters J. G. Mönckeberg (1839-1908), nach dem Straße und Brunnen benannt sind. Nach rechts öffnet sich die Mönckebergstraße zum Gerhart-Hauptmann-Platz mit dem Komplex der Landesbank, in den die gleichnamige Galerie integriert ist. Auch hier findet der Besucher nützliche wie originelle Angebote in großer Auswahl. An der Nordwestseite des Platzes liegt die Traditionsbühne des ***„Thalia-Theaters“***, auf der schon viele Berühmtheiten des deutschsprachigen Schauspiels aufgetreten sind. Nur wenige Meter sind es bis zur Hauptkirche ***St. Petri*** **D**, direkt an der Mönckebergstraße gelegen. Das Gebäude davor entstand

8. St.-Jacobi-Kirche: die berühmte Arp-Schnitger-Orgel (1693) auf der Westempore.

genannt. Vor 1350 errichtete man sie als dreischiffige Backstein-Hallenkirche neu und erweiterte sie 1418/19 um ein zweites südliches Seitenschiff. Beim Stadtbrand von 1842 weitgehend zerstört, wurde sie anschließend in neugotischen Formen und unter Betonung des zentralistischen Charakters des Innenraums wieder aufgebaut. Von den kunstreichen Einbauten ist lediglich der Altar des berühmten Meisters Bertram von Minden

1910/11 als Kunstgewerbehaus und ist nach seinem Erbauer G. Hulbe benannt. Bei der Anlage der Hauptgeschäftsstraße sollte es einen städtebaulichen Akzent setzen. Die Medaillons und der Girlandenschmuck sind Teile des reichen Dekors im Stil niederländischer Renaissance, wie er in den nordischen Seestädten verbreitet war. Eine lebensgroße Abbildung am benachbarten Gotteshaus erinnert an den Theologen und Widerstandskämpfer Dietrich Bonhoeffer, der 1945 im KZ Flossenbürg den Schergen der Nationalsozialisten zum Opfer fiel. Die Hauptkirche St. Petri [9+10] ist die älteste im Altstadtbereich und bereits 1195 als „Marktkirche" urkundlich

9. St.-Petri-Kirche: Statue des hl. Ansgar (um 1480).

10. St.-Petri-Kirche: Blick durch das Langhaus in den Chor.

erhalten geblieben, der von 1367 bis 1410 in Hamburg lebte und arbeitete. Der „Grabower Altar" war dem Inferno entgangen, weil er seit 1731 in der Kirche von Grabow aufgestellt war. Er ist heute in der Kunsthalle zu besichtigen. Nur eines der älteren Kunstwerke konnte 1842 aus dem Brandschutt geborgen werden: ein bronzener Löwenkopf von 1342. Er dient auch heute wieder als Türzieher am Hauptportal der Kirche.

Die insgesamt etwa 1 km lange Mönckebergstraße mündet in den großzügig angelegten Rathausmarkt, der den Blick auf eines von Hamburgs berühmtesten Gebäuden freigibt, das Rathaus. Das Heinrich-Heine-Denkmal schmückt seit 1982 den Platz, der damals neu gestaltet wurde. Das ältere Denkmal (1926) war wenige Jahre später vom NS-Senat zerstört und später für Kriegszwecke eingeschmolzen worden. Das Reiterdenkmal für Kaiser Wilhelm I., errichtet 1903, versetzte die Stadt auf den Sievekingsplatz. Die beiden Fahnenmasten blieben vor dem Rathaus, verziert mit Blatt- und Blumenornamenten und gekrönt mit vergoldeten Segelschiffen, die an die ruhmreiche Vergangenheit der Seefahrermetropole erinnern.

11. Hamburgs Rathaus, erbaut 1886-97 im nachempfundenen Stil der Renaissance.

Das repräsentative Rathaus

Als Wahrzeichen städtischen Selbstbewusstseins entstand das heutige ***Rathaus*** **E** [11], Sitz von Senat und Bürgerschaft der Freien und Hansestadt Hamburg, 1886-97 im Stil der Neorenaissance. 1842 war das alte Rathaus an der Trostbrücke während des Großen Stadtbrandes im Auftrag der Stadt gesprengt worden, um die dahinterliegenden Wohnhäuser zu retten, so dass ein Neubau notwendig wurde. Es bot sich das weitläufige Gelände des ehemaligen Johannisklosters an, das sich seit 1230 hier angesiedelt hatte. Mit einem Kostenaufwand von 11 Millionen Goldmark entstand in 11-jähriger Bauzeit der massige Bau, dessen Grundmauern wegen des morastigen Geländes auf 4000 Eichenpfählen ruhen. Der 112 m hohe Turm markiert das Zentrum der Rathausplatzfassade mit dem Haupteingang. Da das Bauwerk, 112 m lang und 78 m breit, im Krieg nur wenig beschädigt wurde, sind alle Repräsentationsräume noch im Original erhalten und selbstverständlich eine Besichtigung wert. Insgesamt besteht das Rathaus aus 647 Räumen, fast so vielen wie der Buckingham-Palast in London. Vorbei an kunstvoll geschmiedeten Eisengittern und unter dem farbenprächtigen Wappen hindurch gelangen wir in die zentrale Halle, wo die Rathausführungen beginnen. Die Schank-, Speise- und Cocktailwirtschaft „Das Parlament“ in den Gewölben des ehemaligen Ratsweinkellers lädt hier zum Verweilen ein. An den massigen Säulen erinnern Gedenktafeln an berühmte Hamburger Bürger. Die beiden großzügigen Treppenaufgänge [12] symbolisieren die Zweigeteiltheit des gesamten Gebäudes: im Ostflügel die Räumlichkeiten der Bürgerschaft, im Westen der Senat. Edle Materialien beim Innenausbau zeugen von der wirtschaftlichen Potenz der Hansestadt, so im Treppenhaus der Bürgerschaft, das mit Marmor, Bronze und Messing gestaltet ist.

12. Rathaus: Treppenaufgang zum Senatsflügel.

13. Blick über den Rathausmarkt auf das prächtige Rathaus im Stil der Neu-Renaissance. Sein markanter Turm konkurriert mit dem „Michel“, dem Turm der St.-Michaelis-Kirche im Stadtteil St. Pauli.

14. Turmsaal: Gemälde zieren Wände und Decke.

Die Deckenmalerei zeigt in einer Folge das Leben eines Hamburger Bürgers von der Wiege bis ins hohe Alter. Als Erwachsener leistete er auch den Bürgereid, den bis 1918 nur der Einwohner schwören durfte, der im Jahr mindestens 1200 Goldmark versteuerte. Somit war auch nur er für die Bürgerschaft wahlberechtigt und wählbar. Zu den hier dargestellten Lebensinhalten eines Hanseaten zählten neben dem Familienleben Handel, Kunst und Wissenschaft, eine Mischung, wie sie noch heute die Weltstadt Hamburg prägt.

Die Wandgemälde zeigen das Gebäude bei der Trostbrücke, wo die Bürgerschaft nach 1842 tagte, und die Landungsbrücken um 1900. Der Tisch in der Mitte des Raums besteht aus einer Scheibe eines uralten Eichenstamms, der bei den Bauarbeiten gefunden wurde und wahrscheinlich als Stützpfeiler im ehemaligen Johanniskloster gedient hatte. Vorbei am Sitzungssaal, wo die Bürgerschaft tagt, geht die Führung zum Bürgersaal, gleichzeitig Besprechungszimmer der Bürgerschaft und Empfangsraum ihres Präsidenten.

Eine Besonderheit sind die Tapeten aus Filz, die man in Öl tränkte und danach presste, so dass ein sehr widerstandsfähiges Material entstand. Wie in anderen Räumen finden sich hier Gemälde und andere Kunstwerke, die als Stiftung wohlhabender Kaufmannsfamilien ins Rathaus gelangten. Die vielfältigen Holzarbeiten in seinen zahlreichen Räumen sind zumeist in Nussbaum, Eiche oder Mahagoni gehalten, die Türen oft mit kunstreichen Intarsien verziert, für die man Messing, Perlmutt und Elfenbein verwendete. Bereits zwei Jahre vor der offiziellen Einweihung des Rathauses, im Jahr 1895, weilte Kaiser Wilhelm II. im benachbarten Raum, seitdem ***„Kaisersaal"*** [15] genannt. Seine Wände sind vornehm mit Ledertapeten verkleidet, und eine Bronzetafel erinnert an den Anlass des hohen Besuchs, die Eröffnung des Nord-Ostsee-Kanals. Drei Büsten zeigen bekannte Staatsmänner aus der Zeit des Kanalbaus: von Moltke, Bismarck

15. Kaisersaal mit dem monumentalen Deckengemälde „Triumph der deutschen Flagge".

Rathaus:

Rathausmarkt 1, Auskunft Rathaus-Führungen: Tel. 428 31 24 70, www.hamburg.de/rathaus, Mo.-Fr. 10-15 Uhr, Sa. 10-17 Uhr, So. 10-16 Uhr, halbstündlich, bei Veranstaltungen keine Führungen.

16. Der Plenarsaal der Bürgerschaft. Die Bürgerschaft besteht aus 121 Abgeordneten, die auf vier Jahre gewählt werden.

und Kaiser Wilhelm I., den Großvater Wilhelms II. Gemälde ehemaliger Bürgermeister schmücken den Raum, der heute zeitweise als Speisesaal für offizielle Essen von Senat und Bürgerschaft genutzt wird.

Der folgende Turmsaal [14] kommt vor allem beim traditionellen Neujahrsempfang des Bürgermeisters zu Ehren, bei dem jeder Bürger willkommen ist. Neben den Büsten des 1. Reichspräsidenten Friedrich Ebert und des 1. Bundespräsidenten Theodor Heuss erregen vor allem die acht wertvollen Säulen Aufmerksamkeit. Sie stammen aus Marokko und bestehen aus dem Halbedelstein Onyx. Gemälde stellen die vier ältesten Stadtrepubliken Europas dar, Athen, Rom, Venedig und Amsterdam. Im Bürgermeistersaal [18], der heute für Senatsempfänge dient, sind die Ledertapeten gar noch vergoldet. Büsten ehemaliger Bürgermeister zeugen von der Tradition dieses Raumes, noch mehr jedoch das Wandgemälde, das den gesamten Senat von 1897 darstellt, der bei der Einweihung

17. Rathausdiele, Senatseingang

18. Bürgermeistersaal

19. Bürgermeister-Amtszimmer

des Gebäudes zugegen war. Wie es bis 1918 Vorschrift war, trugen sie die „spanische Kaufmannstracht" und mit ihr eine Last von ca. 35 kg. Das Waisenzimmer erhielt seinen Namen von den 80 elternlosen Knaben, die in fünfjähriger Feinarbeit den Raum samt Decke, Vertäfelung, Türen und Bilderumrahmungen mit Kerbschnitzarbeiten verzierten.

Ebenso sehenswert sind die mit Einlegearbeiten geschmückten Stühle, die als Geschenk von Nachbargemeinden den Weg ins

Rathaus fanden. Im Senatsflügel werden ferner der gediegen ausgestattete Phoenix-Saal, die Ratsstube [20] und abschließend das Treppenhaus besichtigt. Über den Eingangsbereich erreicht der Besucher

20. Sitzungssaal des Senats, „Ratsstube“ genannt.

21. Der Hygieia-Brunnen im Innenhof des Hamburger Rathauses.

auch den Innenhof, gebildet von drei Flügeln des Rathauses und der Hamburger Handelskammer. In seinem Zentrum steht der ***Hygieia-Brunnen*** (1895/96) [21]. Die Göttin der Gesundheit erhielt diesen Ehrenplatz im Gedenken an die Cholera-Epidemie von 1892, die 8600 Menschenleben gefordert und auf die zwingende Notwendigkeit von einwandfreiem Trinkwasser hingewiesen hatte. Die Hamburger Börse wurde 1558 als erste in Deutschland gegründet. Der Handel fand zunächst unter freiem Himmel statt. Die ältesten Gebäudeteile – heute Handelskammer – wurden 1839/41 auf dem Gelände des Maria-Magdalenen-Klosters in klassizistischem Stil errichtet. Sie konnten beim großen Brand 1842 knapp vor dem Feuer gerettet werden und wurden um die vorletzte Jahrhundertwende auf den heutigen Umfang ergänzt. Der Börsensaal ist noch zu besichtigen.

Ursprung der Börsenaktivitäten war die Allgemeine Börse, heute Treffpunkt der Immobilienmakler. An der Hanseatischen Wertpapierbörse findet seit 2003 kein Parketthandel mehr statt, sie zog daher in Büroräume am Rathaus um. Während die einst international bedeutende Kaffeebörse heute nur noch formal besteht, haben die Getreide- und die Versicherungsbörse immer noch einen Platz im Geschäftsleben der Hansestadt. Seit 1999 haben sich die Börsen von Hamburg und Hannover zu einer Börsen AG mit gemeinsamer Trägerschaft zusammengeschlossen.

22. Blick über die Binnenalster auf das repräsentative Rathaus.

Die Alster ist Symbol der hanseatischen Lebenslust

Entlang der Hauptfassade am Adolphsplatz erreichen wir die gleichnamige Brücke am Alsterfleet, das auf der gegenüberliegenden Seite nach 1842 mit den südländisch anmutenden ***Alsterarkaden*** F bebaut wurde. Hinter dem Bogengang im Stil der Neorenaissance locken interessante Geschäfte und ein Café. Hier sitzt man bei sommerlichem Wetter gern im Freien und genießt die herrliche Aussicht über die Kleine Alster mit ihren Schwänen und auf das Rathaus. Ein architektonisches Kleinod bildet die Mellin-Passage, die das Alsterfleet mit dem Neuen Wall verbindet. Die Alsterarkaden

münden in eine von Hamburgs bekanntesten Straßen, den ***Jungfernstieg*** [23], der die Grenze zwischen der Kleinen Alster und der seenartigen Fläche der ***Binnenalster*** [24] bildet. Die weltberühmte Flanier- und Einkaufsmeile wird gesäumt von ersten Adressen der Hamburger Geschäftswelt, allen voran Juwelieren und Modehäusern, aber auch einem renommierten Lichtspielhaus sowie einem bekannten Nobelrestaurant. Am Wasser, gegenüber, lockt ein traditionsreiches Café mit überwältigender Aussicht, der „Alsterpavillon". Gleich daneben befinden sich die Anleger der Alsterschiffe, mit denen man bei Tag und am Abend romantische Fahrten über die Außenalster und sogar bis zur Elbe machen kann. Die gegenüberliegende Lombardsbrücke von 1868 und die parallel verlaufende,

23. Im Bereich der Schiffsanlegestellen am Jungfernstieg herrscht besonders an sonnigen Tagen lebendiges Treiben. Dann sind auch Alster-Rundfahrten sehr gefragt.

neuzeitliche Kennedybrücke teilen den Stausee in die Binnen- und die Außenalster.

Gegenüber dem Alsterpavillon führt die Große Bleichen uns wieder in Richtung Stadtzentrum. Hier beginnen die ausgedehnten Einkaufspassagen mit dem traditionsreichen Hamburger Hof und – jenseits der Poststraße links – der reizvollen Alten Post sowie der coolen postmodernen Galeria. Gegenüber breitet sich Hamburgs größte Passage, aus, das gewaltige Hanse-Viertel, das sich nach Norden mit der Gerhofpassage sowie den Passagen Neuer Gänsemarkt und ***Gänsemarkt*** [25] noch fortsetzt. Neu hinzu gekommen ist die Europa Passage – zwischen der Mönckebergstraße und dem

24. Nächtlicher Blick über die Binnenalster auf die Hamburger Altstadt mit dem markanten Rathausturm und den Turmspitzen der Pfarrkirchen.

Jungfernstieg gelegen –, eine ausgedehnte Einkaufsmall mit allein 120 Geschäften auf fünf Ebenen. Keine Stadt in Europa besitzt so viele überdachte Einkaufswege wie Hamburg, wo man auch bei schlechtem Wetter stundenlang und im Trockenen Schaufensterbummeln kann. In der ***Großen Bleichen*** [27] steht auch die schlichte Fassade des vom Fernsehen bekannten ***Ohnsorgtheaters***. Der auswärtige Besucher sollte allerdings bedenken, dass hier die Volksstücke in plattdeutscher Sprache aufgeführt werden und nicht, wie im Fernsehen, in fast hochdeutscher Version. Linker Hand setzt sich die Reihe der überdachten Einkaufsstraßen mit dem Kaufmannshaus – kühl in Glas und Stahl gehalten – und der

25. *Die Gänsemarkt-Passage: Shopping unter gläsernem Himmel in Hamburgs kilometerlangen Passagen.*

Bleichenhof-Passage [26] noch fort und trägt dazu bei, shopping in der Hansestadt zum reinen Vergnügen werden zu lassen. Am Axel-Springer-Platz endet die Große Bleichen. Wir halten uns links und biegen gleich danach rechts in die Düsternstraße ein, die sich als Herrengraben fortsetzt. Hier passieren wir die U-Bahn-Station Stadthausbrücke, die wir uns als Ausgangspunkt für einen reizvollen Abendbummel merken sollten. Westlich davon liegt nämlich mit dem Großneumarkt inmitten eines alten Gängeviertels ein Zentrum stilvoller Unterhaltung für die reifere Jugend. Besonders stimmungsvoll wird es auf dem geräumigen Platz, wenn in warmen Sommernächten die Tische und Bänke im Freien stehen und die Gäste der benachbarten Weinstuben und Bierschwemmen zu einer großen Masse verschmelzen. Wir aber setzen unseren Weg entlang des Herrengrabens fort und sparen uns den Kneipenbummel für den Abend auf. Auf der anderen Seite der verkehrsreichen Ludwig-Erhard-Straße gelangen wir über die Martin-Luther-Straße und die Straße

26. *Hamburgs stilvolle Bleichenhof-Passage.*

27. Im Zentrum der zahlreichen Einkaufspassagen und Ladengeschäften verläuft die „Große Bleichen".

„Teilfeld" zum Krayenkamp, wo in unmittelbarer Nachbarschaft des „Michel" die ***Krameramtswohnungen*** **G** [30] erhalten sind. Beim Haus Nr. 10 befindet sich der Eingang zu einem langen Gang, der umrahmt ist von eng gedrängten Fachwerkhäuschen. Sie waren eine Stiftung des Krameramts aus dem Jahr 1676 für die notleidenden Witwen der Kleinhändler (Kramer) und bilden die letzte zusammenhängende Wohnbebauung Hamburgs aus jener Zeit. In den Häuschen, gekennzeichnet durch Buchstaben, sind ein Atelier, eine Außenstelle des Museums für Hamburgische Geschichte und anheimelnde Lokale untergebracht.

28. Luxusläden säumen die renommierten Einkaufsstraßen.

29. Blick über die Binnenalster, vorn das Rathaus und die St.-Petri-Kirche. Jenseits der Kennedy- und der Lombardsbrücke die Außenalster, das beliebte Segelrevier der Hansestadt.

Hamburgs Wahrzeichen, der Michel

Bis 1550 hatte es in diesem Gebiet nur einige Ziegelhütten, sonst Gärten und Felder gegeben. Danach entstanden kleinere Siedlungen, und die Stadt legte zwei Friedhöfe für den dicht besiedelten Altstadtbereich an. Im Jahr 1600 errichtete sie eine Betkapelle nahe der heutigen ***St.-Michaelis-Kirche*** **H** [31], die bereits zwei Jahre später vergrößert werden musste. 1606 schließlich weihte die Stadt einen wiederum vergrößerten Neubau, die erste Michaeliskirche. Nachdem zu Beginn des 30-jährigen Krieges ein starker Wall dieses Gebiet als Neustadt in den Verteidigungsring Hamburgs einbezog, wuchs dessen Bevölkerungszahl vor allem durch Flüchtlinge aus der Umgebung rasch an. Deshalb wurde bald eine größere Kirche notwendig, die erste Große Michaeliskirche, geweiht 1661 und gelobt wegen ihrer Schönheit als Wahrzeichen der Stadt. Erst 1747 brach man die kleine Michaeliskirche wegen Baufälligkeit ab, doch drei Jahre später sank nach einem Blitzschlag auch ihre Schwesterkirche in Trümmer. Sogleich begann man unter den Baumeistern Prey – er erlebte nur den Anfang des Bauwerks – und Ernst Georg Sonnin einen Neubau nach dem Konzept, der auch dem heutigen Bauwerk zugrunde liegt. 1762 war die Kirche erstellt, 1786 der 132 m hohe, harmonische Turm, der vom Elbstrom schon von weitem zu sehen ist. Zwar wurde das von den Hamburgern geliebte Gotteshaus 1906 durch Feuer vollständig zerstört, doch ließ es die Stadt nach den Plänen Sonnins wieder aufbauen. Auch die starken Beschädigungen durch Luftangriffe 1944 und 1945 sind inzwischen längst wieder behoben. Als Wahrzeichen der Stadt symbolisiert es daher auch gleichzeitig ihren Überlebenswillen. Das reich geschmückte Turmportal bildet den Haupteingang der Kirche.

30. links: Die Krameramtswohnungen von 1676 dienten den Witwen von Kleinhändlern als Wohnsitz.

31. rechts: Der Turm des „Michel" (132 m) grüßt als Wahrzeichen Hamburgs.

32. *Der Altar der St.-Michaelis-Kirche mit seinem großen Altarbild in Glasmosaik und dem Abendmahlsrelief.*

St.-Michaelis-Kirche, Kirche/Turm:

Englische Planke 1, Tel. 376 78-0, www.st-michaelis.de, Mai-Okt.: tägl. 9-19.30 Uhr, Nov.-April: täglich 10-17.30 Uhr, Multivision: tägl. 12.30-15.30 Uhr alle 30 Minuten. Gruftgewölbe: tägl. 11-16.30 Uhr.

Nacht Michel:

Exklusives Nacht-Event mit kleinem Umtrunk. Von der 82 m hohen Plattform bietet sich ein grandioser Blick auf Hamburg bei Nacht. Mit dem Fahrstuhl geht es zur Plattform. Tägl. Mai-Okt. 19.30-23 Uhr, Nov.-April 17.30-21.30 Uhr, Fr.+Sa. bis 23 Uhr und auf Anfrage, Tel. 0174/8051202; www.nachtmichel.de

Krameramtswohnungen:

Krayenkamp 10, Tel. 37501988, Di.-So. 10-17 Uhr

Im Oberlicht über den Schnitzarbeiten der Türflügel ist Hamburg unter dem Schutz des Himmels dargestellt. Die 4,60 m hohe Figur des Namenspatrons Michael – über dem Schlussstein – besiegt im Zeichen des Kreuzes das in der Gestalt des Satans verkörperte böse Element [35]. Eine Gedenktafel in der Turmhalle erinnert an die Besatzung des Schulschiffs „Admiral Karpfanger“, das 1938 unterging. Die heute dritte Große Michaeliskirche steht noch immer auf den Umfassungsmauern von 1762, getragen von lediglich vier mächtigen Pfeilern. Bei einer Länge von 71 m und einer Breite von 51 m bietet sie 2550 Sitzplätze. Die im Wesentlichen Anfang letzten Jahrhunderts gefertigte Ausstattung repräsentiert gediegene Handwerkskunst aus edlen Materialien: das untere Gestühl und die Türen aus Teakholz, die geschnitzten Wappen am Gestühl für den Senat und den Kirchenvorstand, der 20 m hohe Altar [32] aus Marmor mit dem Glasmosaik und dem Abendmahls-Relief aus vergoldeter Bronze sowie die Kanzel [34] aus Marmor mit ihrem reichverzierten Schalldeckel, die weit in den Raum hineinragt. Der Taufstein aus weißem Marmor entstand 1763 in Livorno, wo ihn Hamburger Kaufleute für ihre Kirche erwarben. Im selben Jahr entstand der schmiedeeiserne „Gotteskasten“ am Südwestpfeiler, der einst bei Kollekten genutzt wurde. Aus der gleichen Zeit stammte auch die erste große Orgel der Kirche, die wegen ihrer Ausmaße und ihres Klangs weltweit gerühmt wurde. Nachdem sie 1906 durch das Feuer zerstört worden war, bekam die Kirchengemeinde die größte Kirchenorgel der Welt (163 Register, 12.173 Pfeifen) als Geschenk der Godeffroy-Familienstiftung. Wenn dieses Meisterwerk auch durch die Kriegseinwirkungen 1945 zerstört und 1962 durch die heutige große Orgel (85 Register, 6665 Pfeifen) ersetzt wurde, so erinnert doch eine Gedenktafel an der Brüstung der

33. Die Gruft der St.-Michaelis-Kirche birgt viele Grabplatten bedeutender Hamburger.

Mittelempore noch heute an das mächtige Musikinstrument. Die Sakristei, südlich des Chorraums gelegen, gefällt durch reichgeschnitzte Türen, eine schöne barocke Stuckdecke und den gefälligen Altar. Hinter der Kanzel befindet sich auf der Südseite des Altars eine Darstellung von Ernst Georg

34. Der gewaltige Innenraum der St.-Michaelis-Kirche mit der großen Orgel und der schiffsbugähnlichen Kanzel vor dem Hauptaltar.

35. Erzengel Michael – Namenspatron der Kirche – besiegt das Böse.

Sonnin, dem Erbauer dieser Kirche. Er ist neben Carl Philipp Emanuel Bach und anderen Persönlichkeiten im Gruftkeller [33] unter der Kirche, in dem auch eine Ausstellung über die Geschichte des Gotteshauses besichtigt werden kann, beigesetzt. Bei guter Sicht ist eine Fahrt auf die fast 83 m hohe Plattform des Kirchturms unbedingt zu empfehlen, wobei der Fahrstuhl immerhin 449 Stufen erspart. 6 m Durchmesser haben die Mauern im unteren Bereich, wobei innen die geschmolzenen Mauersteine noch an die Hitze des Brandes von 1906 erinnern. Von oben hat der Besucher einen herrlichen Rundblick über Hamburgs Neu- und Altstadt sowie über die Hafenanlage und die Elbe. Von hier oben wurden in früheren Jahrhunderten die Uhrzeiten geblasen. In Erinnerung daran wird an Werktagen täglich um 10 und um 21 Uhr in alle vier Himmelsrichtungen ein Choral geblasen, an Sonntagen um 12 Uhr. Wenige Meter unterhalb der Plattform befindet sich Deutschlands größte Turmuhr. Sie wurde bis 1964 durch ein Pendelwerk mit 19 Zentner schweren Gewichten angetrieben, das man inzwischen durch ein elektrisches Werk ersetzte. Auf dem Zifferblatt von 8 m Durchmesser bewegen sich die 130 kg schweren 4,91 m bzw. 3,65 m langen Zeiger, wobei sich die Spitze des größeren pro Minute um 40 cm vorwärts bewegt. Die schwerste der bronzenen Glocken wiegt bei einem Durchmesser von 1,96 m immerhin 4900 kg.

Beim Verlassen des „Michels“, wie die Einheimischen ihre Kirche liebevoll nennen, werfen wir noch einen Blick auf das ansprechende Lutherdenkmal an der Nordseite des Turms. Damit haben wir auch die Richtung zurück zur Ludwig-Erhard-Straße, der wir nach links zum Alten Elbepark folgen. Vom Hügel in seinem Zentrum erhebt sich die 34 m hohe Kolossalfigur des ersten deutschen Reichskanzlers, Fürst Otto von Bismarck (1815-98). Ein Komitee Hamburger Bürger sowie Senat und Bürgerschaft der Hansestadt ließen das ***Bismarck-Denkmal*** **I** [36] 1903-06 an dieser exponierten Stelle errichten, die auch von der Elbe bei den Landungsbrücken gut einzusehen ist. Die Hauptfigur aus Granit erinnert an mittelalterliche Rolandsstandbilder und soll sowohl die schützende Hand des Reiches über die Seefahrt und den Überseehandel symbolisieren als auch den damaligen imperialen Anspruch der Hafenstadt als „Tor zur Welt“.

36. Das Bismarck-Denkmal im Alten Elbepark.

St. Pauli und die quirlige Reeperbahn

An der folgenden großen Kreuzung am Millerntorplatz zweigt rechts der Holstenwall ab. Links davon erstreckt sich der Park ***„Große Wallanlagen“*** mit Spazierwegen und ausgedehnten Wasserflächen. Auf diesem ehemaligen Verteidigungsgelände steht das ***Museum für Hamburgische Geschichte*** **J** [37-39]. Das von Stadtbaumeister Fritz Schumacher konzipierte Gebäude enthält in seiner Fassade Bauteile historischer Häuser der Hansestadt. Die überaus interessante Ausstellung zeigt auf einer Fläche von insgesamt 7000 m^2 Modelle und Gegenstände der Stadt und ihres Hafens in den verschiedenen Entwicklungsstadien, so auch eine Darstellung der ursprünglichen Reeperbahn als Arbeitsplatz der „Reepschläger“, der Seil- und Tauwerkmacher. Besondere Anziehungspunkte sind die Modelleisenbahn mit einem Nachbau der Gleisanlagen zwischen

37.-39. Museum für Hamburgische Geschichte in den „Großen Wallanlagen“. Oben „Hausschild der Schiffbauer“, unten „Hamburgtisch“.

40. Johannes-Brahms-Museum in der Peterstraße.

Hamburg und Harburg auf 250 m^2 Fläche, die Hafenmodelle und die originalgetreue Einrichtung eines Hamburger Kaufmannshauses aus dem 17. Jahrhundert.

Schräg gegenüber biegt die Peterstraße vom Holstenwall ab, wo Alt-Hamburger Bürgerhäuser ebenso detailgetreu wiederaufgebaut wurden wie in der quer dazu verlaufenden Neanderstraße. Das barocke Beylingstift (1751, Peterstr. 35-39) beherbergt das ***Johannes-Brahms-Museum*** [40]. Zurück am Millerntorplatz, setzt sich die Ludwig-Erhard-Straße als ***Reeperbahn*** K fort, als wohl berühmteste Straße Deutschlands. Hier ist das Zentrum des Hamburger Vergnügungsviertels, wo man die Nacht zum Tage macht, zumal es hier keine polizeiliche Sperrstunde gibt. Von der rechten Straßenseite grüßt das ***„Café Keese“***, berühmt für seinen „Ball paradox“ mit Damenwahl und Tischtelefonen. Links beginnt die Reihe bekannter Gebäude mit dem Operettenhaus, in dem seit Jahren erfolgreiche Musicals gezeigt werden. Es folgen das Panoptikum – ein Wachsfigurenkabinett mit über 100 bekannten Persönlichkeiten – sowie Kabarett-, Musical-, Kleinkunst- und Varietébühnen Schmidt und Schmidts Tivoli, das 150 Jahre alte St.-Pauli-Theater – hier bietet man Volksstücke – und Hamburgs berühmteste Polizeistation, die ***„Davidwache“*** [42]. Entlang der „sündigen Meile“ reihen sich dazwischen kleine und große Lokale, Sexkinos und Peep-Shows, kurz alles, was

Museum für Hamburgische Geschichte:
Holstenwall 24, Tel. 428 132 100, www.hamburgmuseum.de, Di.-Sa. 10-17 Uhr, So. 10-18 Uhr

41. Hier wird die Nacht zum Tag gemacht: Die Reeperbahn kennt keine polizeiliche Sperrstunde.

zum Rotlichtmilieu gehört. Daneben haben jedoch Hamburgs Jugend und die Junggebliebenen den Reiz und die Szene-Qualitäten dieses Stadtteils entdeckt, haben sich Dutzende von Kneipen, Tanzpalästen und Livemusik-Clubs hier etabliert. Zum Kiez gehören heute bayerische Blasmusik, südamerikanische Rhythmen, Shanties, Discos mit Rock- und Techno-Melodien, intime Künstlertreffs oder das urige Sowjetlokal Gorki Park ebenso wie Spielkasino, Pferdewetten und Erotik-Shows. Zusammen mit den Theatern, Museen und Galerien hat sich hier eine reizvolle Verbindung zwischen Freizügigkeit, Kultur und fröhlichem Nachtleben entwickelt.

Die größeren Sex-Shows konzentrieren sich in der ***„Großen Freiheit“***, einer Nebenstraße der Reeperbahn auf der rechten Seite, in der noch ein Stück der althergebrachten Atmosphäre der „Sündigen Meile“ erhalten blieb, obwohl andererseits gerade in dieser Straße einst die Weltkarriere der Beatles begann. Im Haus Nr. 7 wurde neuerdings ein Museum eröffnet, das dem Hamburger Schauspieler Hans Albers gewidmet ist.

42. Hamburgs berühmteste Polizeistation, die „Davidwache“

Wer hier tagsüber unterwegs ist, sollte bereits an der Davidwache in Richtung Elbe abbiegen und der Davidstraße folgen, die unübersehbar auch zum Vergnügungsviertel gehört. Sie wird von der berühmten Herbertstraße gekreuzt, die nur von Männern besucht werden sollte, will man nicht Ärger mit den Damen hinter den Fenstern riskieren. Dagegen sind Begleiterinnen im ***Erotik Art Museum*** durchaus gern gesehen, das weiter hafenwärts in der Bernhard-Nocht-Str. 69 eingerichtet ist. Die sehenswerte Sammlung zeigt mehr als 500 Gemälde, Zeichnungen und Plastiken aus dem Gebiet der erotischen Kunst. Über die Davidstreppe erreichen wir die Hafenstraße, ebenfalls einst eine Fernsehberühmtheit im Zusammenhang mit Hausbesetzungen im Zuge von Sanierungsmaßnahmen. Dass einige der Gebäude bis heute nicht geräumt wurden, zeugt von der liberalen Einstellung des Magistrats der Hansestadt.

43. Moderne Architektur am Eingang zur Reeperbahn: die „Tanzenden Türme", erbaut 2012.

Bis dass dein Tod uns scheidet
Eine Nordskomödie
Di – So | bis 29.9.

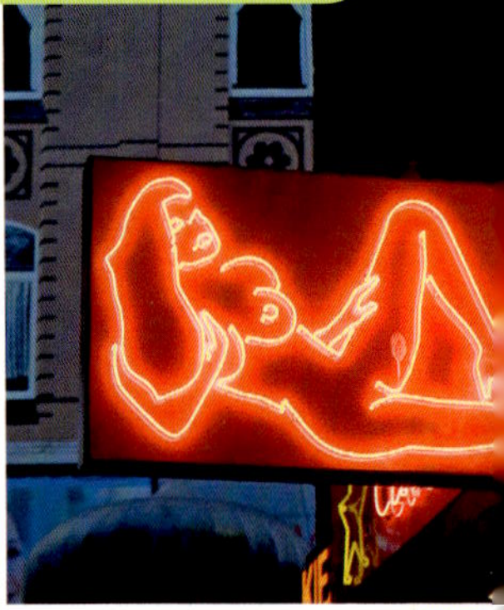

WELT
MULTIKABI
EROS
Center

ST. PAULI
EHEMALS
ERNST

REEPER BAHN FESTIVAL
REEPER BAHN FESTIVAL
REEPER BAHN FESTIVAL

44.-51. *Die Qual der Wahl hat der Besucher, der nachts auf St. Pauli sein Vergnügen sucht.*

52. Das Kreuzfahrtschiff Queen Mary 2 gilt mit seinen 345 m Länge und einer maximalen Passagierzahl von 2620 als Hamburgs „Meereskönigin". Bei jedem seiner Besuche in der Hansestadt drängen sich Zehntausende von Schaulustigen an den Elbufern.

Landungsbrücken

Wir halten uns links und stoßen gleich auf einen Sandstein-Rundkuppelbau, errichtet 1907-09 als Eingangsgebäude des alten Elbtunnels. Von hier führt ein Schacht in eine Tiefe von 23,5 m zum Beginn des Tunnels, der nach 426 m Länge bei 12 m unter der Elbsohle den Stadtteil Steinwerder erreicht. Neben dem Fahrstuhl für Fußgänger sind je zwei Fahrkörbe für die Auf- und Abfahrt von PKW eingebaut. Entlang der Elbe zieht sich das langgestreckte Sandsteingebäude der ***St.-Pauli-Landungsbrücken*** L [52], das zusammen mit der Elbtunnel-Einfahrt und dem dicht bebauten Geestrücken über dem Strom – mit Astra-Brauerei und Bismarck-Denkmal – zur „Empfangsarchitektur" der Landungsbrücken gehört, ein typisch wilhelminisches Szenarium. Zwischen den Brücken 4 und 5 befindet sich, in den Räumen der Touristen-Information, Deutschlands einziges historisches Auswandererbüro. In seinem Archiv sind alle Emigranten zwischen 1850 und 1934 erfasst, geordnet nach Auswanderungsjahr und Namen. Gegen Gebühren erteilen die Mitarbeiter des Büros Auskunft über insgesamt etwa 5 Millionen Auswanderer. Hier bei den Landungsbrücken startet auch ein Großteil der Touristenschiffe für die ***Hafenrundfahrten*** [53], die obligatorisch zu einem Hamburg-Besuch gehören und die in ungezählten

Variationen – mit und ohne Gastronomie, Musik und Tanz – angeboten werden. Einen ersten umfassenden Überblick über die ausgedehnten Hafenanlagen bietet auch das farbige Modell vor der Brücke 1. Es zeigt den heutigen Welthafen am vorläufigen Ende einer jahrhundertelangen Entwicklung, die im Jahre 832 begann. Damals entstand der erste, von Menschenhand geschaffene Anlegeplatz bei der Hammaburg im Reichsstraßenfleet, das heute zugeschüttet ist. Im Jahre 1189 leitete Kaiser Friedrich Barbarossa die Entwicklung zu einem großen ***Überseehafen*** [54] ein, als er in einem Freibrief den Hamburgern die Zoll- und Abgabenfreiheit für die Unterelbe zugestand. Die Echtheit der Urkunde wird heute jedoch angezweifelt, da der betagte Kaiser sich noch in jenem Jahr auf

53. Die meisten der beliebten Hafenrundfahrten beginnen an den Landungsbrücken.

einen Kreuzzug begab, von dem er nicht mehr zurückkehren sollte. Dennoch blieb das am 7. Mai 1189 datierte Dokument rechtswirksam bis zum Zollanschluss Hamburgs an das Deutsche Reich im Jahre 1888. Infolge des ererbten

54. Blick vom Turm des „Michel" über Landungsbrücken und Elbe auf das Hafengebiet.

Privilegs gelang es jedoch auch damals, die Freihafenzone durchzusetzen. So gilt das Datum des Freibriefs noch heute als Gründungszeitpunkt des Hamburger Hafens und wird alljährlich feierlich und mit Volksfestvergnügungen als Hafengeburtstag zelebriert. Der Hafen des 12. Jahrhunderts befand sich im ***Nikolaifleet***, wo nur wenige Schiffe anlegen konnten. Danach setzte der stetige Ausbau der Kanäle und Anlegeplätze ein, wobei sich die 120 km Entfernung zur offenen Nordsee als nützlich erwies: Obwohl der Tidenhub immerhin noch 2-3 m beträgt, kann er die im Hafen liegenden Schiffe nicht ernstlich gefährden. Vorteilhaft für die Entwicklung war auch das Vorhandensein der Flussinseln, die man in die Planung einbezog. Wegen der mangelnden Tragfähigkeit des Sumpflandes erbaute man z.B. die heutige Speicherstadt – wie auch das Rathaus – auf Tausende von eingerammten Eichenpfählen, die bis heute nicht ersetzt werden mussten. Im Jahre 1850 waren unter Hamburger Flagge 286 Schiffe mit 62.000 NRT eingetragen, 1910 waren es bereits mehr als 1300 mit über 1,6 Millionen Tonnage, und Hamburg bezeichnete sich stolz als „Tor zur Welt". Der Ausbau zum modernen Großhafen unter Wasserbaudirektor Dalmann (ab 1864) hatte diese rasante Entwicklung begünstigt und das Anlegen auch von großen Überseeschiffen möglich gemacht. Reeder und Kaufleute hatten mit ihrem

55. St.-Pauli-Landungsbrücken mit dem markanten Uhrturm.

Unternehmergeist und ihrer Organisationsfähigkeit maßgeblichen Anteil daran. Heute dehnen sich die Hafenanlagen auf 87 km^2, wobei 70 Hafenbecken den Fluss- und Seeschiffen zur Verfügung stehen. Daher ist es nur aus der Luft oder am Modell möglich, eine Übersicht über die gesamte Anlage zu gewinnen. Von den Landungsbrücken aus genießt der Besucher einen schönen Blick über die Elbe und ihren Schiffsverkehr, noch umfassender aber vom ***„Stintfang"*** aus, der Geestanhöhe am Fuße des Bismarckdenkmals oberhalb.

Bei den St.-Pauli-Landungsbrücken liegt auch das Museumsschiff ***„Rickmer Rickmers"*** [59+60] vertäut, ein stattlicher Dreimaster von 97 m Länge und einer Segelfläche von 3500 m^2. Das Vollschiff entstand 1896 auf der Rickmers-Werft in Bremerhaven über einem stählernen Rumpf und segelte in den folgenden Jahren mehrfach um Afrika nach Ostasien. Nach der Beschlagnahme während des 1. Weltkriegs wurde es von Portugal zum Schulschiff für den Marine-Nachwuchs umgebaut und später mit Dieselmotoren versehen. 1983 gelang es dem Verein „Windjammer für Hamburg", das 1962 ausgemusterte Schiff zu erstehen. Nach einer gründlichen Restaurierung liegt es seit 1987 als Seefahrtsdenkmal und -museum am Fiete-Schmidt-Anleger und veranschaulicht dem Besucher die alte Seefahrer-Romantik wie auch die

56. Verlagsgebäude an der Kehrwiederspitze.

wichtigen Antriebsarten Wind, Dampf und Diesel.

Beim Verlassen der St.-Pauli-Landungsbrücken bleiben wir am befestigten Elbufer, rechts von uns erstreckt sich das Hafengebiet. An der Überseebrücke ist ein zweites Museumsschiff festgemacht, die ***Cap San Diego*** [58]. 1962 auf der Deutschen Werft in Hamburg erbaut, fuhr der klassische Stückgutfrachter für die Reederei Hamburg-Süd im Liniendienst zwischen Europa und der Ostküste Südamerikas. Die Überseebrücke liegt im Uferbereich des „Vorsetzen", von wo aus auch Hafenrundfahrten starten. Ein ehemaliges Feuerschiff am Kai, zu einem originellen Café, Restaurant und Pub umgebaut, wirbt hier um Kundschaft. Der Vorsetzen zwischen dem Niederhafen

57. Dock der Werft „Blohm und Voss"

58. Klassischer Stückgutfrachter „Cap San Diego“, heute Museumsschiff.

59.+60. Die „Rickmer Rickmers“ segelte einst als Windjammer über die Weltmeere.

– rechts – und der alten Hamburger U-Bahn (ab 1906) – hier als Hochbahn geführt – setzt sich als „Baumwall“ fort, dessen Ende die Niederbaumbrücke markiert. Sie verbindet die Uferzone mit der ***„Kehrwiederspitze“*** [56], die durch die Anlagen der Kanäle und des Binnenhafens zu einer künstlichen Insel gehört.

Museumsschiff „Rickmer Rickmers“:

Landungsbrücken, Ponton 1a, Tel. 3 19 59 59, www.rickmer-rickmers.de, täglich 10-18 Uhr

Museumsschiff „Cap San Diego“:

Liegeplatz Überseebrücke, Telefon 364209, www.capsandiego.de, täglich 10-18 Uhr

61. Historische Bürgerhäuser an der Deichstraße: die Dachräume hinter den hohen Giebeln dienten einst als Warenlager.

Deichstraße

Wir verbleiben am Rand des Hafenbeckens und passieren das ***„Haus der Seefahrt“***, das als Eckgebäude an einem inzwischen aufgefüllten Fleet liegt. Es wurde 1909/10 als Mietkontorhaus erbaut. Hinter seiner repräsentativen Fassade mit Jugendstilornamenten verbirgt sich ein Außenpfeilerbau mit zentralem Treppenhaus und Aufzügen sowie frei einteilbaren Stockwerken. Die für Hamburg typischen Kaufmannshäuser des 17.-19. Jahrhunderts finden sich in der nahen ***Deichstraße*** M [61], wo einer der wenigen geschlossenen Straßenzüge den Brand von 1842, die Modernisierungsmaßnahmen der Stadt und die Bombardements des 2. Weltkriegs nahezu unbeschadet überstand. Schöne Backstein- und Barockfassaden laufen in Stufen- und Volutengiebeln aus. Sehenswert sind vor allem die Häuser Nr. 47 (um 1658, barockes Portal des abgerissenen Hauses Nr. 29) und 37 (1686). Letzteres besitzt das einzige erhaltene Beispiel einer zweigeschossigen Diele, wie es in den Hamburger Bürgerhäusern des 16.-18. Jahrhunderts üblich war. Das Haus Nr. 27 entstand 1780 als Warenspeicher, genannt „Bardowiker Speicher“, sein Nachbar besitzt ein ansehnliches Barockportal. Zwischen den Häusern

Nr. 23 und 21 führt ein schmaler Gang zum Fleet. Von hier aus bietet sich ein Blick über das ***Nikolaifleet*** [62] mit den Rückseiten der Häuser, teilweise noch in Fachwerk gehalten und großenteils mit Luken und Aufzugrollen direkt über dem Wasser versehen. In Verlängerung des Kanals bildet der Turm der Alten Nikolaikirche ein reizvolles Motiv. Das Nikolaifleet spielte gegenüber den vielen anderen Kanälen in Hamburg eine besondere Rolle: Er diente im Mittelalter als Hafen. Daneben waren die Fleete Wasserstraßen, Abwasserkanäle, Quelle für Wasch- und Trinkwasser sowie für Brauwasser für die meisten der renommierten Bierherstellerfirmen Hamburgs. Von der Stadt beauftragte „Fleetkieker" überwachten, dass keine Tierkadaver, Steine und kein Mist in die Kanäle geworfen wurden, was vor allem der Schiffbarkeit geschadet hätte. Der Gesundheit der Bewohner waren die Zustände weniger zuträglich, so dass noch 1892 eine verheerende Cholera-Epidemie 8600 Menschenleben forderte. Der folgende Bereich der Deichstraße war 1842 großenteils zerstört worden. Ein prächtiges Beispiel für einen gelungenen Neubau gleich nach dem großen Brand ist das Haus Nr. 19, dessen Fassade reiche Schmuckelemente in verschiedenen historischen Stilarten aufweist, ein Musterbeispiel für den romantischen Historismus.

62. Die Rückseite der Deichstraßenbebauung am Nikolaifleet, dem ältesten Hafen Hamburgs.

63. Blick von der steinernen Brücke über das Nikolaifleet und die Giebelhäuser.

Eine Fußgängerbrücke überquert die verkehrsreiche Ost-West-Straße und führt uns zum historischen Hopfenmarkt. Der ***„Vierländerin-Brunnen“*** von 1878 erinnert an die „Vierländer“, die Hauptlieferanten der Hamburger Obst- und Gemüsemärkte. Als Vierlande bezeichnete man ein fruchtbares Flussmarschgebiet, bestehend aus 4 alten Gemeinden, das jahrhundertelang Lübeck und Hamburg

64. *Statue des hl. Ansgar auf der Trostbrücke.*

gemeinsam besessen hatten, ehe es 1867 als Landherrenschaft Bergedorf Hamburgs Landgebiet angeschlossen wurde. Eine Inschrift verkündet die Lebensweisheit: „Am Markt lernt man die Leute kennen." Ein Info-Zentrum zeigt Bilder und Dokumente von der zerstörten alten ***St.-Nikolai-Kirche*** **N**. Ihre Ruine samt dem hochragenden Turm – er war einst mit 145 m der dritthöchste in Deutschland – ist unverändert so erhalten worden, wie sie die Bombardements des 2. Weltkriegs hinterließen. Sie ist heute Mahnmal für den Frieden und Gedenkstätte für die mehr als 50.000 Opfer der Luftangriffe allein in Hamburg. Hinter der Ruine entfernen wir uns von der Ost-West-Straße und überqueren an der ***Trostbrücke*** [65] das Nikolaifleet, das im Mittelalter Hamburgs Hafen war und hier gleichzeitig die Grenze zwischen Neu- und Altstadt bildete. Die beiden Statuen stellen den ***Erzbischof Ansgar*** [64] dar, der im 9. Jahrhundert die „Hammaburg" zu seinem Sitz machte, sowie Graf Adolf III. von Schauenburg, den Begründer der Neustadt.

Wir halten uns rechts ***„Bei der Alten Börse"***, die auf Hamburgs älteste Brücke stößt, die Zollenbrücke (1633). Sie hat ihren Namen nach einem ehemaligen Zollhaus und wurde 1955 originalgetreu wiedererrichtet. Vom Gröningerstraßenfleet, das sie überspannt, ist ein geringer Rest geblieben; die meisten Fleete ließ die Stadt gänzlich zuschütten. In Verlängerung der Zollenbrücke überqueren wir die Ost-West-Straße und lassen uns vom Turm der ***St.-Katharinen-Kirche*** **O** [66] führen. Ein Vorgängerbau

65. *Die Trostbrücke überspannt das Nikolaifleet.*

66. Blick von der Speicherstadt über den Zollkanal auf die Hauptkirche St. Katharinen.

67. Die hl. Katharina, Statue (15. Jh.) in der gleichnamigen Hauptkirche.

bestand bereits im 13. Jahrhundert. Die heutige dreischiffige Kirche wurde im 14./15. Jahrhundert im Stil der Backsteingotik errichtet. Jünger sind der barocke Turmhelm und die Westfassade. Aus der Zeit der Spätrenaissance sind wertvolle Grabdenkmäler erhalten, so die Epitaphien des Bürgermeisters Wetken von 1566, seinen früh verstorbenen Söhnen gewidmet, und der Ratsherren Moller (gest. 1610), zusammengefügt aus Sandstein, Marmor und Alabaster, und von der Fechte (gest. 1630). Daneben sind aus der Vorkriegszeit lediglich zwei Kunstwerke vorhanden, der Corpus (um 1300) des Kruzifix im südlichen Seitenschiff und eine hl. Katharina [67], eine süddeutsche

Arbeit des 15. Jahrhunderts. Von den späteren Einbauten sind die 3 Glasgemälde (1955-57) und die Bronzetür im Südportal bemerkenswert sowie die Gedenktafel, die an die 80 Opfer beim Untergang des Segelschulschiffs ***„Pamir“*** 1957 erinnert.

In Höhe der Katharinenkirche queren wir über die Jungfernbrücke den ***Zollkanal*** und erreichen die Brookinsel, die im späten Mittelalter außerhalb der südlichen Stadtmauer lag. Über das Sandtor und das Brooktor war das Sumpfgebiet – damals noch Halbinsel – von der Stadt aus erreichbar und diente als Sommerweide und Richtplatz. 1625 wurde der nördliche Teil des Grasbrooks durch einen Wall in die Stadtbefestigung einbezogen und das Gebiet als Stadtteile Kehrwieder und Wandrahm besiedelt. Besonders Hafenarbeiter und Handwerker fanden hier eine günstige Wohnstatt, aber auch erste Speicher und Kontore [68] entstanden. Der Raum außerhalb der Befestigungsanlage wurde für kleine Gärten, Bootsanlegestege, Werften und die Herstellung von Wandrahmen – für den Zuschnitt von Tuchen – genutzt, das Sandufer als sonntäglicher Spazierweg der Bürger.

Erste Industrien siedelten sich nach der Schleifung der Stadtbefestigung (1816) an. Ab Mitte des 19. Jahrhunderts begann die Stadt mit dem Ausbau eines modernen Hafens, wo Seeschiffe direkt an der Kaimauer anlegten und ihre Waren entweder auf Binnenschiffe, Eisenbahn oder Fuhrwerke verladen oder zwischenzeitlich in Schuppen gelagert wurden. Der Grasbrook war in jener Zeit der modernste Teil des Hamburger Hafens.

68. Die Lagergebäude in der Speicherstadt konnten an ihrer Rückseite von Lastkähnen angefahren werden, vorn von Fuhrwerken oder der Bahn.

69. Blick aus der Vogelperspektive auf die Speicherstadt und die neu entstehende „Hafencity". 2003 verlor die Speicherstadt ihren Freihandelsstatus, so dass ein ungehinderter Zugang von der traditionellen City zur zukünftigen modernen Hafencity möglich ist.

70. Reizvoller Kontrast in Hamburgs Hafencity: vorn das Traditionsschiff-Museum im Sandtorhafen, dahinter der Sandtorpark mit der modernen Randbebauung, wie dem Hamburg-America-Centrum. Hier wurde der Traum von „Wohnen am Wasser" optimal verwirklicht.

Eine Stadt im Wandel

Von der Speicherstadt zur Hafencity

1888 musste Hamburg auf Druck der Reichsregierung seine Zollfreiheit aufgeben, bekam jedoch im Gegenzug den Grasbrook als Freihafengebiet zugestanden. Man sicherte den Bezirk durch den stets überwachten Zollkanal, baute Brücken, Zollgebäude und den noch heute teilweise existierenden Lagerhauskomplex der ***Speicherstadt*** 🅿 [69] mit ihren charakteristischen hohen Lagerhäusern, die sowohl vom Land als vom Wasser aus angefahren werden konnten. Dafür wiederum wurden zwei komplette Wohnviertel abgerissen und über 18.000 Menschen in die Vorstädte wie Winterhude und Barmbek umgesiedelt. Stattdessen entstand hier ein vollkommen unbewohnter Hafenbezirk und die Kernstadt hatte ihre Verbindung zur Elbe verloren. Wer ins „Zollausland" auf der Brookinsel wollte, musste sich an die internationalen Zollvorschriften einschließlich der Passkontrolle halten. Mit dem Aufkommen der Containerschiffe Ende der 60er Jahre verlagerte sich der Schwerpunkt der Hafenaktivitäten in das Stadtgebiet der südlichen Elbe. Die Speicherstadt blieb der herkömmlichen Schifffahrt vorbehalten, die sich naturgemäß zurück entwickelte, und der Bezirk verlor mehr und mehr an Bedeutung. Vor diesem Hintergrund fasste die Hamburger Bürgerschaft 1997 den Beschluss, das riesige Gebiet als Hafencity wieder in die Innenstadt einzubeziehen.

Am Ende der Jungfernbrücke überqueren wir die Straße „Neuer Wandrahm" und bewundern die sehenswerte Backsteinarchitektur der Kontorhäuser. Die Straße „Pickhuben" erinnert an die Pechhauben, mit denen man einst die Köpfe von Verbrechern bedeckte, die zur Hinrichtung auf den Großen Grasbrook geführt wurden.

Viele von ihnen waren Seeräuber gewesen wie der berühmte Klaus Störtebeker, der hier im Jahre 1401 enthauptet wurde.

In der Nähe befindet sich auch das ***„Hamburg Dungeon"*** [74] (englisch für Kerker). Wie der Name vermuten lässt, befasst sich diese Attraktion mit der Schattenseite vergangener Tage. Die gesamten 2200 m^2 des Showbereichs sind bis ins letzte Detail gestaltet und mit jeder Menge furchterregender Effekte gespickt. Der besondere Clou sind jedoch die professionellen Schauspieler, die mit viel Ironie und überzeugender Darstellung der Geschichte Leben einhauchen. Die Zeitreise startet mit einer Fahrt in einem altertümlichen, wackeligen Fahrstuhl. Wer diese waghalsige Tour hinter sich gebracht hat, erlebt nun unter anderem die Schrecken von Pest, Inquisition und Folter, aber auch den großen Brand

71. In der historischen Speicherstadt lassen das „Miniatur Wunderland" und das Gruselkabinett „Hamburg Dungeon" nicht nur Kinderherzen höher schlagen.

72.+73. Miniatur Wunderland: Begeisterte Besucher und strahlende Kinderaugen sind hier allgegenwärtig.

von 1842 und die Exekution von Störtebeker. Die Besucher nehmen im Hamburg Dungeon aktiv an diesen gruseligen Ereignissen teil.

Direkt nebenan befindet sich eine weitere touristische Attraktion. Das ***Miniatur Wunderland*** [72+73] ist bekannt aus über 100 TV-Berichten. Bereits über 2,5 Million Besucher haben die größte Modelleisenbahn der Welt bestaunt. 370.000 Arbeitsstunden stecken vor allem im Geländebau und der detailgetreuen Ausstattung. Das Faszinierende an der erfolgreichsten Ausstellung in Norddeutschland sind die vielen kleinen Details und Geschichten, die die 120 Mitarbeiter des Miniatur Wunderlandes in die zauberhafte Modelllandschaft eingebaut haben. Das Miniatur Wunderland bewegt die Menschen und entführt sie in ein paar Stunden mit richtig guter Laune. 34 Computer steuern die Anlage mit ihren 700 Zügen, den 130.000 Lichtern und den wie von Geisterhand fahrenden Autos. Über 100.000 Figürchen sorgen für ein unvergessliches Erlebnis für die ganze Familie.

Am Sandtorkai befindet sich seit 1993 das ***Spicy's Gewürzmuseum*** [75]. Riechen, anfassen, schmecken können die Besucher hier über 50 Gewürze. Weitere ca. 800 Exponate aus 5 Jahrhunderten zeigen die Bearbeitung von Gewürzen vom Anbau bis zum Fertigprodukt. In der einmaligen Atmosphäre dieses alten Speichers erfährt der Besucher auch allerhand Wissenswertes über Gebrauch, Qualität und Lagerung der Gewürze.

Die stilisierten Schornsteine am Nachbargebäude (Nr. 30) gehören zum alten ***Kesselhaus***, das von 1888 bis zum Zweiten Weltkrieg der Dampfversorgung der Speicherstadt diente. Interessant ist hier ein großes Modell des nebenan

74. *Hamburg Dungeon: Zeitreise in die Geschichte der Hansestadt.*

entstehenden Stadtviertels ***„Hafencity"***. Es ist veränderbar und daher stets auf dem aktuellen Stand der Bautätigkeit und Planung.

Die Hafencity

Im Jahr 1881 unterzeichnet Hamburg einen Vertrag über den Zollanschluss an das Deutsche Reich. Die Stadt erreicht das Privileg, ein Freihafengebiet einzurichten, in dem ihre Kaufleute Importwaren zollfrei lagern und veredeln dürfen. In kürzester Zeit wird auf der Wandrahminsel Platz geschaffen, indem die Stadt die etwa 1000 Häuser räumen und abreißen lässt, die betroffenen etwa 20.000 Einwohner müssen sich anderweitig einquartieren. Die Speicherhäuser werden errichtet, bereits 1888 erfolgt der Zollanschluss. Bis 1924 entstehen 24 Speicherblöcke, die sowohl von der Wasserseite als auch von der Landseite (Wagen und Eisenbahn) angefahren werden können. Bei den Waren handelt es sich vorwiegend um Tee,

Hamburg Dungeon:

Kehrwieder 2 (Speicherstadt), Tel. 36 00 55 20, www.the-dungeons.de, Jan. + Feb. 11-18 Uhr, März-Juni + Sept.-Dez. 10-18 Uhr (letzter Rundgang 17 Uhr), Juli + Aug. 10-19 Uhr (letzter Rundgang 18 Uhr)

Miniatur Wunderland:

Kehrwieder 2 (Speicherstadt), Tel. 3 00 68 00, www.miniatur-wunderland.de, täglich 9.30-18 Uhr, Di. 9.30-21 Uhr, Fr. 9.30-19 Uhr, Sa. 8-21 Uhr, So. + Feiertag 8.30-20 Uhr

75. Etwa 50 Original-Gewürze kann der Besucher in Spicy's Gewürzmuseum anfassen, riechen und schmecken. 140.000 Gäste zählt das Erlebnismuseum alljährlich.

Kaffee und Gewürze, die auch veredelt und umgepackt werden.

Nach den Zerstörungen des Zweiten Weltkriegs wird die Speicherstadt restauriert bzw. rekonstruiert. Eine grundlegende Umstrukturierung beginnt um 1960, als die Container- die Stückgutfracht allmählich verdrängt. Um 1980 werden vorwiegend nur noch Orientteppiche hier gelagert, Hamburg wird zum größten Handelsplatz dieser Ware. Ab 1997 beginnt die Planung des neuen Stadtviertels Hafencity. Seit 2003 ist die Speicherstadt nicht mehr Freihafen und somit ohne Passkontrollen von jedermann zu betreten. Auf 155 Hektar nicht mehr benötigter Industriefläche soll bis zum Jahr 2025 das städtebauliche Großprojekt Hafencity verwirklicht werden, das größte seiner Art in Europa. Hier entstehen in Wassernähe Büroräume mit 40.000 Arbeitsplätzen, aber auch Wohnraum für mehr als 15.000 Menschen. Um möglichen Überschwemmungsschäden vorzubeugen, werden die Gebäude teils auf Warften, teils auf Stelzen über ebenerdigen Garagen

InfoCenter der Hafen City:

Am Sandtorkai 30, im Kesselhaus, Tel. 36 90 17 99, Di.-So. 10-18 Uhr, Mai-Sep. donnerstags 10-20 Uhr

Spicy's Gewürzmuseum:

Am Sandtorkai 32, Tel. 36 79 89, www.spicys.de, Di.-So. 10-17 Uhr, Sonn- u. Feiertage geöffnet, Juli-Okt. auch montags geöffnet

76. Die Magellan Terrassen am Sandtorhafen sind auf drei Ebenen angelegt. Von den Sitzstufen aus fällt der Blick auf den Museumshafen und die moderne Wohnbebauung.

errichtet. Schon heute steht ein Großteil der modernen Gebäude, Straßenzüge, Promenaden und freien Plätze am Wasser [76+77]. Das neue moderne Wahrzeichen Hamburgs, die ***Elbphilharmonie*** T [83], ist nach jahrelanger Arbeit fast fertiggestellt: Auf dem historischen „Kaispeicher A" entsteht ein Konzerthaus der Superlative

77. Riesige Freiflächen wie die Marco-Polo-Terrassen lockern das moderne Stadtbild auf und bieten Freizeitmöglichkeiten für Jung und Alt.

78. Im Außenbereich des Internationalen Maritimen Museums die Fahrwassertonne ELBE 1.

mit drei Konzertsälen bis zu 2150 Plätzen, das alle Stilrichtungen der klassischen Musik bietet. Eine frei zugängliche Plaza ermöglicht einen spektakulären Ausblick aus 37 m Höhe auf den Hafen und die Stadt. Auch ein Hotel und 45 Wohnungen sind geplant.

Im Zentrum der Hafencity lädt Hamburgs neue Flaniermeile, der ***Überseeboulevard*** **W**, zum Bummeln, Shoppen und Entspannen auf öffentlichen Plätzen, in Bars und auf Café-Terrassen ein. Eindrucksvolle Ausblicke aus 13 m Höhe auf den entstehenden

79. Maritimes Museum: Ungezählte Exponate aus Hamburgs Seefahrer-Historie.

Stadtteil sowie auf die Elbe samt den riesigen Seeschiffen bietet auch der markante mobile ***Viewpoint*** **U**. Zusammen mit interessanten Schautafeln findet man ihn am Baakenhafen.

Ein weiterer Blickfang ist Hamburgs neuer Kreuzfahrtterminal ***Cruise Center*** **V** [81], in Modul-Bauweise errichtet und über großzügige Glasflächen erhellt. Gleich daneben bietet der U4-Haltepunkt „Überseequartier" eine gute Verbindung zur Innenstadt und zum Hauptbahnhof. Zwei Liegeplätze (330 und 295 m Kailänge) sind den Kreuzfahrtschiffen vorbehalten. Vom gläsernen Abfertigungsgebäude hat der Besucher einen fantastischen Blick auf die Traumschiffe der Gegenwart, die „Queen Mary 2" oder die „Queen Elisabeth". Ab 2015 ist Hamburg als Heimathafen des Flaggschiffs der Aida-Flotte vorgesehen.

80. Über 10 Stockwerke des einstigen Kaispeichers B verteilen sich ungezählte Exponate des internationalen Maritimen Museums.

Nachbar des Terminals ist das futuristisch anmutende Unilever-Haus mit dem ***Marco-Polo-Tower*** und den gleichnamigen Terrassen. Sie locken ebenso Spaziergänger besonders am Wochenende an wie die Flaniermeilen am ***Magdeburger Hafen*** oder ***„Am Kaiserkai"*** und der Traditionsschiffhafen mit seinen etwa 20 historischen Schiffen.

Ein weiteres sehenswertes Museum hat im historischen Kaispeicher B ein eindrucksvolles Domizil gefunden, das ***Internationale Maritime Museum*** **X** [78-80]. Auf 10 Stockwerken präsentiert es allein etwa 26.000 Schiffsmodelle, dazu zahllose Filme und Fotografien, Grafiken und Konstruktionspläne, nautische und militärische Objekte und Uniformen. Ein absolutes Highlight ist ein Schiffssimulator, mit dessen Hilfe – und Unterstützung durch freiwillige Helfer – der Besucher ein fiktives

Internationales Maritimes Museum:
Koreastraße 1, 20457 Hamburg, Tel. 30 09 23 00, www.internationales-maritimes-museum.de, Di.-So. 10-18 Uhr

81. Vor dem Cruise Center Hamburg in der Hafencity die Silhouette eines modernen Kreuzfahrtschiffs der „Celebrity“ Reederei.

Container- oder Kreuzfahrtschiff wie ein echter Kapitän an seine Liegeposition steuern kann.

Das futuristische ***Science Center*** (mit naturwissenschaftlichem Erlebnismuseum), die Waterfront Towers und die ***Hafencity Universität*** befinden sich als weitere „Hingucker“ im Stadium des Aufbaus bzw. der Planung.

82. Die neue U-Bahn-Station der Linie 4 Hafencity/Universität. Die riesigen Leuchtkörper links sind Containern nachempfunden.

BUGSIER 5
IMO 9376206

83. Zwei Bugsier-Schlepper befördern den imposanten Großsegler „Krusenstern“ aus dem Hafen. Im Hintergrund der Neubau der Elbphilharmonie.

84. Deutsches Zollmuseum in der Speicherstadt, im Kanal der ehemalige Zollkreuzer Oldenburg.

Zurück in die Altstadt

Zollmuseum, HighFlyer und Kontorhausviertel

Über die Straße Großer Grasbrook erreichen wir wieder den Zollkanal, dessen Ufer wir nach rechts folgen. Im Haus Alter Wandrahm 16, dem ehemaligen Zollhaus „Kornhausbrücke", ist heute das ***Deutsche Zollmuseum*** [84] eingerichtet. Hier zeigt man dem Besucher eindrucksvoll lebendige Zollgeschichte: die Aufgaben des Zöllners gestern und heute, interessante Schmuggelverstecke [86] und den ehemaligen Zollkreuzer „Oldenburg". An der folgenden Kreuzung halten wir uns zunächst rechts, bevor wir links über die Oberbaumbrücke die Insel verlassen.

Rechts erstreckt sich das Gelände des ehemaligen Großmarkts, der seit 1962 im Stadtteil Hammerbrook ein neues Domizil gefunden hat. Inzwischen ließ man die beiden Großhallen (nach 1900) restaurieren und nutzt sie für große internationale Kunstausstellungen. Seit geraumer Zeit startet

85. Zollmuseum: historische Waage.

hier der ***„HighFlyer Hamburg“*** [89] in schwindelnde Höhe. Der Fesselballon ist mit 150 Metern der höchste Aussichtspunkt der Stadt. Direkt an den Deichtorhallen steigt der Ballon in den Himmel über Hamburg und ermöglicht bei gutem Wetter einen Blick weit über die Stadtgrenzen hinaus von über 40 km Sichtweite. Der Standpunkt an den ***Deichtorhallen*** [87] direkt an der Grenze zwischen Hafencity und Innenstadt bietet einen herrlichen Blick über das neu entstehende Stadtviertel, den Hafen, die Innenstadt mit der Binnen- sowie Außenalster. Alle Sehenswürdigkeiten und die Kirchtürme der Hansestadt Hamburg können von hier oben in aller Ruhe betrachtet werden. Die Gondel bietet Platz für bis zu 30 Personen und wird ausschließlich von

86. Zollmuseum: Schmuggelversteck.

ausgebildeten und lizenzierten Piloten gesteuert.

Nach dem Überqueren des Deichtorplatzes halten wir uns links in Richtung Altstadt und haben nach wenigen Metern über

87. Deichtorhallen

Deutsches Zollmuseum:

Alter Wandrahm 16, 20457 Hamburg, Tel. 300876-11, www.zoll.de, Di.-So. 10-17 Uhr, Führungen nach telefonischer Anmeldung.

88. Originelle Architektur im Kontorhausviertel: das Chilehaus.

89. Der HighFlyer steigt in den Himmel über Hamburg und ermöglicht bei gutem Wetter einen Blick weit über die Stadtgrenzen hinaus.

die Burchardtstraße ein architektonisch originelles Gebäude vor uns, das ***Chilehaus*** Q [88]. Es handelt sich um ein riesiges Backsteingebäude mit vertikaler Gliederung, dessen östliche Spitze einem Schiffsbug nachempfunden ist. Das Kontorhaus ließ sich der Kaufmann Henry Sloman, der vor allem mit Salpeter aus Chile handelte, 1922-24 vom Architekten Höger errichten. Von diesem stammen auch die Klinkerverzierungen am benachbarten, mächtigen Sprinkenhof (1928-43), der ebenso zum Kontorhausviertel gehört wie der Mohlenhof, der Montanhof und das Ballinhaus. In diesem Altstadtgebiet um den Burchardtplatz befand sich bis zum Beginn des 19. Jahrhunderts das „Gängeviertel", in dem sich die Cholera besonders stark ausgebreitet hatte. Man legte die alten Fachwerkhäuser ab 1912 nieder und ließ das Viertel nach völlig neuem Konzept mit Kontorhausblocks in Backsteinarchitektur aufbauen. Damit entstand eines der heutigen Wahrzeichen der Hansestadt, geplant vor allem von Baumeister Fritz Schumacher, der damals die Sanierung der Altstadt durchführte.

HighFlyer Hamburg:

Deichtorstr. 1-2, 20095 Hamburg, www.highflyer-hamburg.de, täglich 10-22 Uhr, Flug- und Shopzeiten sind wetterabhängig, daher keine Vorreservierung möglich, Wetterhotline 30 08 69 69

Museum für Kunst und Gewerbe & die Kunsthalle

Über die Mohlenhofstraße und – rechts abbiegend – die Steinstraße verlassen wir am Steintorwall-Tunnel das Altstadtgebiet. Hier beginnt der Stadtteil St. Georg, gekennzeichnet durch den fernen Doppelkirchturm der katholischen St.-Marien-Kirche. Südöstlich vom Hauptbahnhof steht am Steintorplatz der eindrucksvolle Bau des ***Museums für Kunst und Gewerbe*** R [90-92], eröffnet 1877. Es enthält international bedeutende Sammlungen der Angewandten Kunst aus Europa, vom Mittelalter bis zur Gegenwart: reiche keramische Bestände an Fayencen und Porzellan, Goldschmiedekunst, Bronzen, Elfenbein, Möbel aller Stilepochen [92] sowie Skulpturen, Textilien und Musikinstrumente, daneben eine wichtige Sammlung von

90.-92. Das Museum für Kunst und Gewerbe, eröffnet 1877, zeigt international bedeutsame Sammlungen der Angewandten Kunst. Rechts oben: Erker eines Jugendstil-Zimmers um 1900. Unten: „Spiegel-Kantine“ des dänischen Designers Verner Panton.

93. Tradition und Avantgarde im Deutschen Schauspielhaus.

Plakaten und Photographien. Eine Abteilung ist der Kunst der klassischen Antike sowie des Islam gewidmet, eine andere zeigt ausgedehnte ostasiatische Sammlungen von Bronzen, Porzellanen und Holzschnitten. Daneben besitzt das Museum eine berühmte Jugendstilsammlung mit dem „Pariser Zimmer" [91], angekauft auf der Weltausstellung 1900. Ständig wechselnde Sonderausstellungen bieten auch dem Stammgast immer wieder neuen Kunstgenuss. An der Ostseite des Hauptbahnhofs führt die Kirchenallee entlang und bildet – offensichtlich als Kontrast zu ihrem Namen – die Pforte zum Vergnügungsviertel des Stadtteils St. Georg. Zwischen den entsprechenden Etablissements und zahlreichen Hotels verbergen sich jedoch auch urige Kneipen und Ateliers. Zu St. Georg gehören aber ebenso die Kulturpaläste wie das genannte Museum für Kunst und Gewerbe, das renommierte ***Deutsche Schauspielhaus*** [93] (Kirchenallee 39/41) und die ***Kunsthalle*** **S** [94-97] in der nördlichen Verlängerung des Hauptbahnhofs. 1914-21 ergänzte der Hauptbau im historisierenden Stil der italienischen Renaissance den Backstein-Altbau von 1869. Die Kunstsammlung im Innern des Gebäudekomplexes gehört zu den bedeutendsten im deutschsprachigen Raum,

Museum für Kunst und Gewerbe:
Steintorplatz, Tel. 428 13 48 80 www.mkg-hamburg.de, Di.-So. 10-18 Uhr, Mi.+Do. 10-21 Uhr

94. Blick über die Binnenalster: die Kunsthalle „Galerie der Gegenwart“ mit Alsterfontäne und Regenbogen.

wobei die Kunst der neuen Zeit besondere Aufmerksamkeit erfahren hat. Einzigartig darunter sind die zahlreichen Werke der deutschen Malerei des 19. Jahrhunderts, repräsentiert durch renommierte Künstler wie Caspar David Friedrich, Max Liebermann, Philipp Otto Runge, Adolph von Menzel und Wilhelm Leibl. Einen weiteren Schwerpunkt bildet die Kunst des 20. Jahrhunderts mit hervorragenden Werkgruppen von Nolde, Dix, Beckmann, Kokoschka, Klee und Picasso. Unter den älteren Bildwerken sind vor allem die mittelalterlichen Altarbilder der Meister Bertram und Francke zu nennen, daneben Gemälde von Rembrandt, Ruisdael, Claude Lorrain und Boucher. Beachtung verdienen auch das Kupferstich- und das Münzkabinett sowie die Sammlung plastischer Kunstwerke des 19. und 20. Jahrhunderts. Am Hauptbahnhof beenden wir unseren Rundgang durch Hamburg. Da jedoch dabei wegen der Ausdehnung der Stadt zwangsweise viele Sehenswürdigkeiten unbeachtet bleiben

Hamburg Kunsthalle:

Glockengießerwall, Tel. 428 131 200, www.hamburger-kunsthalle.de, Di.-So. 10-18 Uhr, Do. 10-21 Uhr, feiertags 10-18 Uhr

95. *„Nana“ (1877, Édouard Manet)*

96. *Kuppelbau der Kunsthalle.*

mussten, empfehlen wir Ihnen, diese mit Hilfe von öffentlichen Verkehrsmitteln aufzusuchen. Dazu bietet die Stadt die günstige Hamburg-Card an, mit Gültigkeit für die Nahverkehrsmittel, freiem Eintritt in die Museen sowie Ermäßigungen bei Stadt-, Hafen- und Alsterrundfahrten und Besichtigung der Museumsschiffe.

97. *Die Hamburger Kunsthalle birgt eine bedeutende Sammlung von Kunstwerken aus dem deutschsprachigen Raum.*

Nördlich der Altstadt

Rund um die Außenalster

98. Die Laeiszhalle am Johannes-Brahms-Platz.

Die S-Bahn (Nr. 11, 21, 31) transportiert uns zum Bahnhof Dammtor, den wir zum Dag-Hammarskjöld-Platz verlassen. Vor uns dehnt sich eine der großzügigen Grünflächen der Stadt aus. Sie besteht aus dem Alten Botanischen Garten (links) und dem berühmtesten Park der Stadt, ***„Planten und Blomen"*** [99+100], der von einem Hotelhochhaus mit dem Kongresszentrum und den Ausstellungshallen der Hamburg-Messe flankiert wird. Felsen und Wasser, Bäume und Blumen, Büsche und Stauden wetteifern um das Wohlgefallen der Besucher. Eindrückliche Anziehungspunkte sind auch das Tropenhaus und der größte Japanische Garten Europas sowie die riesige Wasserlichtorgel, die in den Nächten der Sommermonate zum farbenfrohen Konzert aufspielt. Das moderne Congress Center Hamburg (CCH) ist für jeden Bedarf mit insgesamt 17 Sälen ausgestattet, die 50 bis 3000 Plätze bieten. Es ist verbunden mit einem 32-stöckigen Großhotel. Westlich davon erhebt sich Hamburgs höchstes Bauwerk, der Fernsehturm, auf stattliche 280 m. Die Panoramakanzel in 128 m Höhe ist leider nicht mehr geöffnet. Ganz in der Nähe der Messehallen – gegen St. Pauli – liegt das Heiligengeistfeld mit dem Hochbunker (U-Bahn Station Feldstraße), den Sportstätten des FC St. Pauli und ausgedehnten Parkplätzen. Dreimal im

Jahr findet hier für jeweils einen Monat das traditionsreiche Volksfest statt, der „Dom“. Südlich der Grünanlagen verläuft der Gorch-Fock-Wall. Hier am Brahmsplatz steht die neubarocke ***Laeiszhalle*** [98] (sprich: Leishalle), die man bis 2005 Musikhalle nannte. Sie wurde durch die großzügige Stiftung der Eheleute Carl Heinrich und Sophie Laeisz möglich und 1908 eingeweiht. Allein der große, reich dekorierte Konzertsaal bietet 2000 Besuchern Platz und ist häufig Spielstätte des Philharmonischen Staatsorchesters, des NDR-Sinfonieorchesters sowie der Hamburger Symphoniker. Bis zur baldigen Fertigstellung der Elbphilharmonie in der Hafencity wird die Halle mit jährlich etwa 400.000 Besuchern unumschränkte Herrscherin des

99. In Hamburg findet der Erholungsuchende fast überall ein ruhiges Plätzchen.

Hamburger Konzertlebens sein. Von hier aus ist es nicht weit zur U-Bahn-Station Gänsemarkt, die man entlang dem Dragonerstall

100. Blick vom Großhotel beim Messezentrum über „Planten und Blomen“ auf den Fernsehturm.

101. Blick über die Außenalster zur Prominentenstraße „Bellevue“ im Stadtteil Winterhude. Im Vordergrund das „Alster-Cabrio“.

und dem Valentinskamp erreicht. Hier zweigt die Straße „Dammtor“ links ab, an der die ***Hamburgische Staatsoper*** steht. Sie gehört zu den renommiertesten Bühnen der Welt, und ihr Ballett genießt Weltruf. Folgen wir dem Dammtor, dem Dammtordamm und – ab Theodor-Heuss-Platz – der Rothenbaumchaussee nach Norden, so erstreckt sich rechts von uns die „Moorweide“, bevorzugte Sport- und Spielwiese der Hamburger Studenten. An ihrem Rand steht das Amerika-Haus als Symbol der traditionellen Freundschaft der beiden Staaten. Links beginnt das ***Uni-Viertel*** mit dem markanten kuppelgekrönten Hauptgebäude der fünftgrößten Universität unseres Landes. Der „Platz der jüdischen Deportierten“ erinnert sowohl an die Zeit des nationalsozialistischen Rassenwahns als auch daran, dass die Uni-Gebäude sich auf dem Gelände des ehemals bedeutenden Judenviertels ausdehnen. Haupteinkaufsstraße ist die Grindelallee mit einem vielfältigen Angebot an Restaurants, Buchläden, CD-Shops und Poster-Läden speziell für junge Leute.

An der Rothenbaumchaussee gelangen wir zum ***Hamburgischen Museum für Völkerkunde***. Dank der weltweiten Handelsbeziehungen der Stadt und der Schenkungen ihrer Bürger begann man vor über 100 Jahren mit dem Aufbau der überaus wertvollen Sammlung. In sieben Abteilungen zeigt sie ca. 350.000 Objekte aus allen Teilen der Welt und fast ebenso viele Fotografien der Ureinwohner. Zu den Kostbarkeiten gehören die berühmte „Goldkammer“ mit Goldschätzen aus Lateinamerika, Bronzeguss- und Elfenbeinarbeiten aus Westafrika, die größte Sibiriensammlung außerhalb Russlands sowie ungewöhnliche Schätze aus der Südsee.

Weiter nördlich zweigt links die Hartungstraße ab, wo die Traditionsbühne der ***„Neuen Kammerspiele“*** residiert. An der Rothenbaumchaussee liegt auch das Gelände des Fussball-Bundesligisten Hamburger Sportverein. Von der nahen U-Bahn-Station Hallerstraße gelangen wir, über Hallerstraße und Alsterchaussee, zum ausgedehnten und gepflegten Alsterpark an der Außenalster [102]. Hier erstrecken sich in landschaftlich herrlicher Lage am seenartig angestauten Fluss einige der bevorzugten Wohnviertel Hamburgs: Rotherbaum und Harvestehude im Westen, Winterhude, Barmbek-Süd und Uhlenhorst im Osten der Außenalster. Das Alsterufer und die Fleete mit den großzügigen Villen der Besserverdienenden laden zum Spaziergang ein, wobei uns auch immer wieder typische Jugendstilfassaden begegnen [101]. Prächtige Altbauten besitzt auch der nahe Stadtteil Eppendorf, der in den 70er Jahren die Hamburger Ausgehszene dominierte. Noch heute bewundert der Besucher die gediegene Wohnlage der Villen mit Blick auf die Alster, die oft als Kulisse für Filmaufnahmen dienen, und erfreut sich an den zahlreichen Lokalen der gehobenen Gastronomie. Zweimal wöchentlich

102. Herbststimmung an der Außenalster im Bereich der „Schönen Aussicht“ im Stadtteil Uhlenhorst.

Museum für Völkerkunde:

Rothenbaumchaussee 64, 20148 Hamburg, Telefon 42 88 79-0, www.voelkerkundemuseum.com, Di.-So. 10-18 Uhr, Do. bis 21 Uhr

lockt der exklusive Isemarkt – in der Isestraße unter der Hochbahn – Tausende von Freunden ungewöhnlicher Leckereien an, wie auch wochentags die kilometerlangen Einkaufsstraßen Eppendorfer Weg und Eppendorfer Landstraße ihren Kundenstamm haben. Nur ***Pöseldorf***, direkt oberhalb des Alsterparks, tanzt aus der Reihe der großbürgerlichen Wohngegenden. In diesem ehemaligen Kleingartengebiet siedelten sich später nämlich kleinbürgerliche Gewerbetreibende an, wie noch heute unschwer an den engen Gassen und schmalen Handwerkerhäusern abzulesen ist. Darin haben sich in unserer Zeit nun Modeboutiquen, Galerien und Antiquitätengeschäfte, gutbürgerliche Restaurants und urige Kneipen angesiedelt, die zu einem Besuch einladen. Nördlich von Winterhude und Barmbek-Süd liegt der ***Stadtpark***, der noch um ein Vielfaches größer ist als der Alsterpark. Von hier aus erreichen wir ihn ab Hallerstraße mit der U-Bahn: Dazu steigt man bei Station Kellinghusenstraße von der U 1 um in die U 3 (Richtung Barmbek). Die Station Borgweg liegt genau am Park, in dem sich das ***Planetarium*** verbirgt. Es besitzt die mit 21 m Durchmesser größte Kuppel dieser Art in Europa. Wenige Kilometer nördlich befindet sich Hamburgs Großflughafen im Stadtteil ***Fuhlsbüttel*** [130].

Vom Zentrum Hamburgs erreicht man mit der U-Bahn (Linie 2) in kurzer Zeit den berühmten ***Tierpark Hagenbeck*** [104-107] im Stadtteil Stellingen. Das traditionsreiche Familienunternehmen eröffnete 1907 und fand damals weltweit Beachtung, weil es erstmals nur mit Freigehegen, auch für Raubtiere, ausgestattet war. Die herrliche Parklandschaft von 25 ha Fläche beherbergt heute mit mehr als

103. Hamburg-Uhlenhorst: die Imam-Ali-Moschee (1953) an der Außenalster.

104.-107. Hagenbecks Tierpark: „Geh'n wir mal zum Hagenbeck".

2100 Tiere in 50 Gehegen, in Aquarien und Terrarien einen der größten deutschen Zoos. Zur Unterhaltung der Gäste tragen die exotisch wirkenden „Dschungelnächte" und das Elefantenreiten bei. 2007 hat Hagenbeck seine neue Attraktion eröffnet: das Tropen-Aquarium! Obwohl Hamburg eine Stadt am Wasser ist und als „Tor zur Welt" gilt, ist das Tropen-Aquarium das erste und bisher einzige Großaquarium der Hansestadt.

Zwischen den Stadtteilen Stellingen und Bahrenfeld erstreckt sich eine weitere – für Großstadtverhältnisse – riesige Grünfläche: der Hauptfriedhof und der Volkspark von Altona mit der ***Imtech Arena*** [127], dem 1998 errichteten modernen Fussballstadion des Bundesligisten Hamburger SV, und der ***Trabrennbahn*** [121], wo regelmäßig auch internationale Sportveranstaltungen geboten werden.

Hagenbecks Tierpark:
Lokstedter Grenzstraße 2, Tel. 53 00 33-0, www.hagenbeck.de, ganzjährig täglich ab 9 Uhr geöffnet

Elbabwärts bis Wedel

Fischmarkt, Altona, Blankenese

108. Sonntagmorgen auf dem Fischmarkt.

Hamburgs ältester Markt ist der ***Fischmarkt von St. Pauli***, den man am besten ab Landungsbrücken entlang der Elbe erreicht. Allerdings ist er nur sonntags bis 9.30 Uhr (morgens!) geöffnet – für Frühaufsteher oder Nachtschwärmer also – im Sommer ab 5.00 Uhr, im Winter ab 7.00 Uhr. Doch der Hamburg-Besucher sollte sich dieses Großereignis auf keinen Fall entgehen lassen. Am Elbufer zwischen Hafenstraße und Große Elbstraße läuft wie schon seit mehr als 300 Jahren Woche für Woche – auch an Feiertagen – das sehenswerte Spektakel mit bis zu 70.000 Besuchern (im Sommer) und etwa 300 Händlern ab. Neben fangfrischem Fisch wird so ziemlich alles angeboten, was man je auf Wochenmärkten gesehen hat: Obst, Gemüse, Blumen, Fleisch, Wurst, Backwaren, Schmuck, Souvenirs und lebende Kleintiere. Besonders unterhaltsam sind die berühmten Marktschreier, die z. B. Aale, Blumen, Wurst oder Bananen lauthals feilbieten.

Die späten Nachtschwärmer vom Vortag wecken derweil mit Fischbrötchen, heißer Wurst und Getranken ihre Lebensgeister und genießen in der 100-jährigen, frisch renovierten Fischauktionshalle – bei freiem Eintritt – die moderne und lautstarke Live-Musik. Dazu können sie nach Belieben tanzen und brunchen. Andere ziehen sich in die ruhigere Atmosphäre der zahlreichen originellen Lokale rund um den Fischmarkt [108] zurück.

Mit der Großen Elbstraße beginnt schon kurz vor der ***Fischauktionshalle*** [110] Hamburgs wohl bekanntester Stadtteil Altona. Auch hier findet ein traditioneller sonntäglicher Fischmarkt statt mit gleichen Öffnungszeiten wie der von St. Pauli. Ähnlich wie bei jenem bieten Händler und Marktschreier ihre Waren an: frischen und geräucherten Fisch, Lebensmittel und Souvenirs, Pflanzen und lebendige Kleintiere und vieles mehr.

Im 16. Jahrhundert hatten sich Fischer und Handwerker vor den Toren der aufblühenden Hansestadt angesiedelt, nach dem Geschmack der selbstbewussten Hamburger „all to nah" (allzu nah). 1664 erlangte die Siedlung die Stadtrechte und legte den ersten Freihafen Nordeuropas an. Den Markt gibt es bereits seit 1703, als Altona zum Herzogtum Holstein und damit zum Königreich Dänemark gehörte. Er war bewusst als Konkurrenz zum Fischmarkt St. Pauli installiert worden und erfüllt noch heute neben seiner Rolle als Touristenattraktion die der Versorgung der Einheimischen in den frühen Stunden vor dem Kirchgang.

109. Vor der imposanten Fassade des Altonaer Rathauses das Reiterstandbild für Kaiser Wilhelm I.

In geringer Entfernung elbabwärts führt die Große Elbstraße zum ältesten Hafenbecken des heutigen Hamburg, dem Holzhafen von 1722 (heute nicht mehr benutzt) und der früher viel benutzten Köhlbrandtreppe, die zum Fähranleger führte.

Nördlich vom Altonaer Fischmarkt führt die Breite Straße zur Palmaille, der einstigen Prachtstraße der Altstadt von Altona. Immerhin sind einige der Patrizierbauten erhalten. In den Häusern Nr. 5 und Nr. 100 wohnte um die Jahrhundertwende der Dichter Detlef von Liliencron. An der Max-Brauer-Allee steht noch das ***Altonaer Rathaus***

110. Die kürzlich renovierte Fischauktionshalle am Fischmarkt von Altona.

111. Altonaer Museum, auch Norddeutsches Landesmuseum: hölzerne Galionsfiguren in der umfangreichen Abteilung „Schifffahrt und Fischerei".

[109] von 1896-98, ein ehemaliges Bahnhofsgebäude, davor das Reiterstandbild für Kaiser Wilhelm I. Getrennt durch den „Platz der Republik", verläuft parallel zur Max-Brauer-Straße die Museumstraße – vorbei am ***Altonaer Theater*** – in Richtung Norden. Sie hat ihren Namen nach dem „***Altonaer Museum, Norddeutsches Landesmuseum***", einem der größten ***Regionalmuseen*** Deutschlands, das sich vor allem der Kulturgeschichte Norddeutschlands widmet. Es besitzt u. a. 17 originale Bauernstuben, eine Vierländer Großkate und einen Lebensmittelladen einschließlich der Möbel, Geräte und Trachten aus dem ländlichen Bereich. Andere Ausstellungen befassen sich mit dem Thema Schifffahrt/Fischerei. Sie zeigen Schiffe und Fangeinrichtungen im Modell, Schiffsporträts, Galionsfiguren [111], nautische Instrumente sowie Arbeitsgeräte der Schiffszimmerer und Segelmacher. Die norddeutsche Landschaft und ihre Bewohner begegnen uns in den Gemäldegalerien.

In Verlängerung der Max-Brauer-Straße Richtung Elbe überqueren wir mit der Kloppstockstraße das erste Teilstück der berühmten Elbchaussee, die über Blankenese nach Wedel führt. Der nahe Parkplatz gehört zu einem der vorzüglichsten Aussichtsplätze des Elbufers, dem ***Altonaer Balkon***. Bei Kaffee und Kuchen oder einem kühlen Bier genießt der Besucher einen umfassenden Blick über das gesamte Hamburger Hafengebiet samt den ein- und ausfahrenden Schiffen. Von hier führt der Elbuferweg als Wander- und Radweg über Övelgönne bis Wedel.

Altonaer Museum:

Norddeutsches Landesmuseum: Di.-So. 10-17 Uhr, Telefon 428135-3582, www.altonaermuseum.de

Die Neubauten unterhalb des Aussichtsplatzes und direkt am Elbufer werden „Perlenkette" genannt. Sie gingen aus einem Architektenwettbewerb hervor und sind auf drei Stockwerke beschränkt, um den Blick von hier oben nicht zu versperren. Dazu gehört das ***Cruise Center Altona*** [112], ein 2011 in Betrieb genommenes Kreuzfahrtterminal. An seiner 360 m langen Kaimauer können Schiffe bis 300 m Länge festmachen. Inzwischen legen an den beiden Cruise Centern Hamburgs jährlich mehr als 100 Kreuzfahrtschiffe an. Das moderne, weitgehend verglaste Terminal in Altona bietet nicht nur den Kreuzfahrern eine prächtige Aussicht über das Hafenterrain. Besuchern und Gästen steht dazu die große Dachterrasse zur Verfügung.

Ein weiterer überragender Aussichtspunkt für das Hafengebiet samt Köhlbrandbrücke und Containerhafen ist die riesige Dachterrasse des ***„Dockland"*** [113]. Das markante sechsstöckige Bürogebäude, eingeweiht 2006, hat die

112. Hamburgs zweiter Kreuzfahrtterminal, das Altona Cruise Center. Am Kai das Passagierschiff „Costa Magica".

113. Altona: Von der Terrasse des futuristisch anmutenden Bürogebäudes „Dockland" bietet sich ein herrlicher Fernblick.

Form eines Parallelogramms, dessen eine obere Ecke weit über das Wasser hinausragt. Selbst die Fahrstühle passen sich der Richtung der Schrägen an. Über zwei Freitreppen ist die Terrasse für jedermann zugänglich.

Etwa 1 km elbabwärts erreichen wir den ***Museumshafen Övelgönne*** [114], wo in Höhe des neuen und hier nicht sichtbaren Elbtunnels rund 20 Schiffs-Oldtimer vertäut liegen. Die liebevoll restaurierten Schiffe wie der Lüheewer „Elfriede" – ein Ewer ist ein anderthalbmastiges Küstenboot – und das einstige Feuerschiff „Elbe 3" können jederzeit besichtigt werden. Der genannte Tunnel, erbaut 1968-75 als Teilabschnitt der A7, ist mit 3 km einer der längsten Unterwassertunnel der Welt.

Ein Spaziergang durch das langgestreckte ehemalige Lotsendorf ***Övelgönne*** versetzt uns in längst vergangene Zeiten zurück: Linden und Gaslaternen säumen den Uferweg, zur Landseite begleitet von idyllischen Häuschen mit Veranden und Ziergittern, zu denen hübsche, gepflegte Vorgärten gehören.

Der Bus entlang der Elbchaussee (Nr. 36, 39 oder 286) transportiert uns in kurzer Zeit zum Jenischpark (Haltepunkt Teufelsbrück), der teilweise als Naturschutzgebiet ausgewiesen ist. Stimmungsvolle Parkwege führen uns zu zwei bemerkenswerten Museen im Nordwesten der Anlage: Das Jenischhaus, Außenstelle des Altonaer Museums, zeigt Beispiele großbürgerlicher Wohnkultur des 16-19. Jahrhunderts, das moderne Ernst-Barlach-Haus ist dem Werk des gleichnamigen Bildhauers (1870-1938) gewidmet. Höhepunkt sind hier 23 Holzskulpturen von hohem künstlerischen Wert. Die westlich angrenzende Baron-Voght-Straße führt uns – in nördlicher Richtung – zur S-Bahn-Station Klein-Flottbek. Von hier aus sind es nur zwei Haltepunkte bis ***Blankenese*** [115], dem idyllischen ehemaligen Fischerdorf an der Elbe. Hier empfiehlt sich eine Rundfahrt mit dem öffentlichen Kleinbus Linie 48, der „Bergziege". Der gedrungene Bus meistert spielend die überraschend steilen, winkligen Gassen am Geestrücken, der immerhin rund 5000

114. Schiffs-Oldtimer im Museumshafen Övelgönne.

115. Blick auf Hamburgs Prominenten-Stadtteil Blankenese.

Treppenstufen in diesem Gebiet notwendig machte. Neben den typischen Fischerhäusern mit Backsteinfassade und reetgedeckten Dächern imponiert auch immer wieder der herrliche Blick auf die Elbe oder die Villen am Berghang. Bei diesem heute eher mondänen Stadtviertel nimmt es nicht wunder, dass die „Bergziege" nur Plätze 1. Klasse besitzt.

Vom Bahnhof Blankenese erreichen wir am einfachsten mit dem Bus (Linie 189) das ***Willkomm Höft*** [116], Hamburgs weltberühmte Schiffsbegrüßungsanlage im Schulauer Fährhaus im Vorort Wedel. Täglich zwischen Sonnenaufgang und -untergang wird hier jedes Schiff über 1000 Grosstons begrüßt, das die Elbe hinauf- oder hinunterfährt. Während die entsprechende Nationalhymne abgespielt und ein Grußwort in der Landessprache an die Besatzung gerichtet wird, wird die Hamburger Flagge gedippt. Einer der Begrüßungskapitäne verliest wissenswerte Daten über das Schiff. Im Keller des neu renovierten Fährhauses ist außerdem ein Buddelschiffmuseum eingerichtet.

116. Schiffsbegrüßung für den Hamburger Hafen am Willkomm Höft. Im Hintergrund das Schulauer Fährhaus.

Vom Stadtzentrum in Richtung Osten

Schlösser in Ahrensburg, Bergedorf und Reinbek

Schloss Ahrensburg
Die S-Bahn-Linie 4 endet in Ahrensburg, außerhalb des Hamburger Stadtbereichs in Schleswig-Holstein gelegen. Mit dem Bus erreichen wir das etwas außerhalb gelegene ehemalige Wasserschloss, das idyllisch inmitten einer herrlichen Parkanlage liegt. Besonders wegen dieser reizvollen Lage diente das Anwesen schon des öfteren als Filmkulisse. Die Gebäude selbst mit ihren schlanken Ecktürmen entstanden um 1595 im Stil der norddeutschen Renaissance und nach dem Vorbild des knapp zehn Jahre älteren Schlosses Glücksburg. 1759 gelangte ***Schloss Ahrensburg***

[117] in den Besitz der Grafen Schimmelmann, welche besonders die Repräsentationsräume im Stil des Rokoko umgestalten ließen. In diesem Zustand können sie heute als Museum besichtigt werden.

Zwischen dem Schloss und dem ehemaligen Dorf Woldenhorn, das sich erst seit dem 19. Jahrhundert nach dem Schloss Ahrensburg nennt, liegt die ***Schlosskirche***. Die Inschriften über der Eingangstür berichten von der Errichtung der Kirche 1594-96 durch den Grafen Peter Rantzau. Sein Grabmal zerstörten die Schweden 1713 samt der übrigen Innenausstattung. So ließen die Grafen die Kirche 1716 durch ihren Hofschnitzer Döbel neu ausgestalten. Bemerkenswert ist auch die Grabkapelle des Grafen Detlef Rantzau, deren Eingang mit einem Kryptogramm, einem verschlüsselten Text, versehen ist. Der steinerne Sarkophag im Innern der Kapelle ist mit Namen, Daten und Wappen verziert, seitlich mit den Namen und Geburtsjahren seiner 10 Kinder versehen und birgt den Bleisarg mit den sterblichen Überresten des Grafen. Der Nachfolger der Rantzauer, Graf Schimmelmann, ließ 1778 den Glockenturm anbauen. Die Gräber seiner Familie befinden sich auf dem alten Friedhof hier um die Kirche. Dieser wiederum wird teilweise von zwei Reihen interessanter Altenwohnungen begrenzt, genannt „Gottesbuden". Graf Peter Rantzau ließ sie gleich nach dem Kirchenbau als Sozialeinrichtung für die Armen errichten und legte den Mietpreis fest. Noch heute gilt: ein halber Taler (75 Cents) monatlich auf der Südseite, keine Miete auf der Nordseite.

In Richtung Bergedorf
Mit der S-Bahn-Linie 2 fahren wir in östlicher Richtung zunächst nach Bergedorf, dessen ehemalige Wasserburg mehrfach verändert und zum Schloss ausgebaut wurde. Es liegt ganz in der Nähe des Bahnhofs mitten im Ortskern in einer Parkanlage, die an die Bille

117. Schloss Ahrensburg: idyllisches Wasserschloss der Grafen Rantzau im Stil der norddeutschen Renaissance.

grenzt. Reste der einst hohen Erdwälle und breiten Burggräben dieser einzigen im Stadtstaat erhaltenen mittelalterlichen Burg zeugen von ihrer früheren Wehrhaftigkeit. Nachdem das Schloss Bergedorf lange Zeit als Behördensitz gedient hatte, beherbergt es heute das Museum für Bergedorf und die Vierlande mit zahlreichen Dokumenten und Gegenständen aus der Vor-, Früh- und Regionalgeschichte sowie der bäuerlichen Kultur dieses Gebiets.

Ab der S-Bahn-Station erreichen wir mit dem Bus der Linie 324 das ***Freilichtmuseum Rieck-Haus*** [119], eine Außenstelle des Altonaer Museums. Es liegt im Stadtteil Curslack, einem der vier früheren Kirchspiele, die den Vierlanden ihren Namen gaben. Das Rieck-Haus ist ein über 450 Jahre alter Bauernhof mit Scheune, Heuberg und Windmühle. Neben sehenswertem Inventar besitzt er eine prächtige Intarsienwand.

Der Stadtteil Neuengamme schließt sich südlich an Curslack an. Er erlangte eine traurige Berühmtheit dadurch, dass sich hier – als Kontrast zum blühenden Land – von 1938 bis zum Kriegsende das größte Konzentrationslager Norddeutschlands befand. Auf dem Gelände ist heute eine ***KZ-Gedenkstätte*** eingerichtet als Mahnmal gegen Menschenvernichtung und Intoleranz, aber auch als Ort des Verstehens und der Begegnung. Zurück am Bahnhof Bergedorf, fahren wir eine Station weiter

118. Das Reinbeker Schloss, im 16. Jahrhundert im Stil der niederländischen Renaissance errichtet, dient heute als Kulturzentrum.

119. Das Rieck-Haus – mit Bockmühle und Kräutergarten – gehört als Außenstelle zum Altonaer Museum.

und besuchen das dritte Schloss in Hamburgs Umgebung, das ***Reinbeker Schloss*** [118]. Um 1576 ließ es Herzog Adolf von Gottorf im niederländischen Renaissance-Stil errichten, eine unregelmäßige Dreiflügelanlage mit einem Ehrenhof und großen Kreuzstockfenstern. Das Backsteingebäude ist sorgfältig restauriert und dient heute als Kulturzentrum mit Ausstellungen und Schlosskonzerten.

Museum für Bergedorf und die Vierlande:
Bergedorfer Schlossstraße 4, 21029 Hamburg, Tel. 428 91 28 94, www.bergedorfmuseum.de, Di.-So. 11-17 Uhr, Mo. geschlossen

Freilichtmuseum Rieck-Haus:
Curslacker Deich 284, 21039 Hamburg, Tel. 723 12 23, www.rieckhaus.org, Di.-So. 10-17 Uhr, Mo. geschlossen, 1.11.-28.2. geschlossen

KZ-Gedenkstätte Neuengamme:
Jean-Dolidier-Weg 75, 21039 Hamburg, Tel. 428131-500, www.kz-gedenkstaette-neuengamme.de, Mo.-Fr. 9.30-16 Uhr, Sa., So. + Feiertage April-Sept. 12-19 Uhr, Okt.-März 12-17 Uhr

Veranstaltungen in Hamburg

Vergnügliches, Kultur und Sport

Dass die Hamburger es verstehen, Feste zu feiern und Festivals zu arrangieren, ist unschwer am jährlichen Veranstaltungskalender abzulesen. Was dem Münchner sein Oktoberfest, ist dem Hanseaten sein ***Dom*** [123-125]. Dieses gigantische Volksfest auf dem Heiligengeistfeld inmitten des Stadtgebiets findet gleich dreimal im Jahr für jeweils einen Monat regen Zuspruch: im März/April als Frühlingsdom, Ende Juli bis Ende August als Hummelfest oder Sommerdom sowie der traditionsreiche Winterdom von Anfang November bis in den Dezember hinein. Mehr als 200 Schausteller überbieten sich mit Attraktionen und kulinarischen Angeboten.

Weit gedrängter ist das Programm des ***Hafengeburtstags*** [120], der an 3 Tagen um den 7. Mai am Hafenrand gefeiert wird. Neben zahlreichen Aktivitäten zu Lande ist hier

120. Nächtliche Auslaufparade unter voller Festbeleuchtung: die „Aida Sol", dahinter ein Schwesterschiff.

selbstverständlich auch das Wasser eingebunden, auf dem Regatten, Windjammerparaden und Flottenbesuche zur Unterhaltung beitragen.

Regelmäßig gehören inzwischen auch die Historische Automeile (Ende April, Nedderfeld), das Stuttgarter Weindorf (Juni/Juli auf dem Rathausmarkt) und das Alstervergnügen (4 Tage Ende August rund um die Binnenalster) zu den Attraktionen der Hansestadt. Sie werden ergänzt durch den bereits erwähnten sonntäglichen ***Fischmarkt*** [126], den Jahrmarkt der Innenstadt (Mai/Juni in der Mönckebergstraße), den ***Weihnachtsmarkt***

121. Zahlreiche Pferdefreunde treffen sich alljährlich bei der Derby-Woche in Hamburg-Horn.
122. Unten: Großer Andrang herrscht am Hafengeburtstag.

123.-125. Gleich dreimal im Jahr findet Hamburgs großes Volksfest statt, der Dom.

[128], der in der Adventszeit die Innenstadt beherrscht sowie zahlreiche Stadtteilfeste.

Den kulturellen Gegenpol bietet der Hamburger Sommer in den Monaten Mai bis Oktober mit einem riesigen Angebot aus den Bereichen Theater, Ballett, Film, Musik, Tanz, Sport und Ausstellungen, ergänzt durch das ***Musikfest Hamburg*** (September, Orchester- und Kammermusik) sowie die Hamburger Ballett-Tage im Mai/Juni. Dass in Hamburg auch der Sport einen großen Stellenwert besitzt, beweisen die internationalen Großveranstaltungen wie das Damen-Tennis-Turnier (April/Mai), die Internationalen Tennismeisterschaften von Deutschland ***„German Open“*** im Mai (beide am Rothenbaum), das ***Internationale Spring-, Dressur- und Fahrderby*** (Mai/Juni in Klein

Flottbek) sowie die ***Derby-Woche*** [121] in Hamburg-Horn (Juni/Juli), die kürzlich das 125. Deutsche Derby sah. Daneben treffen ungezählte weitere Sportveranstaltungen z.B. der Fußball-Bundesligen, die hier mit dem ***Hamburger Sportverein*** [127] und dem ***FC St. Pauli*** gleich zweimal vertreten sind, den Geschmack des begeisterungsfähigen Publikums.

126. Der sonntägliche Fischmarkt von Altona wurde bereits 1703 als Konkurrenz zum berühmten St.-Pauli-Fischmarkt eingerichtet.

127. Die moderne Imtech-Arena ist als Nachfolgerin des Volksparkstadions die Spielstätte der Bundesliga-Fußballer des Hamburger SV.

128. Weihnachtsmarkt am Rathausplatz

Tipps und Adressen von A – Z

(Vorwahl für Hamburg 040)

Auskunft und Hotelreservierung
Tourismus-Zentrale Hamburg GmbH, Postfach 102249, 20015 Hamburg, www.hamburg-tourism.de
Sales & Service Center: 040/300 51 300

130. Flughafen Fuhlsbüttel

129. Alsterschiff Ammersbek am Anleger Winterhuder Fährhaus.

Hafenrundfahrten (Auswahl)
Große Hafenrundfahrt mit HADAG-Schiffen, Barkassen oder eleganten Fahrgastschiffen. Ab St.-Pauli-Landungsbrücken 1-9 sowie Deichstraße/Binnenhafen und Vorsetzen April-Oktober
tägl. 10-17.30 Uhr halbstündlich, Nov.-März Sa. und So. 11, 12.30, 14, 15.30 Uhr. Wochentags bei Bedarf. Dauer: ca. 1 Std.

Alster-Rundfahrten
Während der Saison von April bis Oktober startet die Alster-Rundfahrt halbstündlich zwischen 10-18 Uhr ab dem Anleger Jungfernstieg. Im Herbst um 10 Uhr, von 11-16 Uhr halbstündlich und um 17 Uhr (dann auch „Punschfahrten")

Flughafen
www.ham.airport.de, Flugauskunft Tel. 5075-0

Fischmarkt
Sonntags 5.00-9.30 Uhr (Nov.-März ab 7.00 Uhr).

Kunstmeile Hamburg
Ticket-Hotline 01805/447 07 77, www.kunstmeile-hamburg.de, Gemeinschaftsticket für fünf renommierte Kunsthäuser in fußläufig Entfernung im Zentrum Hamburgs.

Messe
Hamburg Messe und Congress GmbH, Tel. 040/3569-0

Öffentlicher Nahverkehr
Information: 19449

Panoptikum
Wachsfigurenkabinett mit weit über 120 bekannten Personen aus Geschichte, Politik, Sport und Showbusiness
Mo.-Fr. 11-21 Uhr, Sa. 11-24 Uhr, So. 10-21 Uhr

132. Das neuzeitliche Stage Theater im Hafengebiet.

131. Station Uhlandstrasse mit historischem Bahnwärterhäuschen.

Stadtrundflüge
Die Rundflüge finden täglich und ganzjährig statt. Tel: 70 70 88 90

Theater
Eintrittskarten gibt es in Reisebüros über das START-System und über die HAMBURG-HOTLINE, Tel. 30051300

Tourist Informationsstellen in Hamburg:
Tourist Information im Hauptbahnhof Hauptausgang Kirchenallee, Mo.-Sa. 9-19 Uhr, sonn- und feiertags 10-18 Uhr

Tourist Information am Hafen
St.-Pauli-Landungsbrücken, zwischen Brücke 4 + 5, 1.4-31.10. tägl. 8-18 Uhr, 1.11.-31.3. tägl. 10-18 Uhr,

Tourist Information Airport Office
Flughafen Fuhlsbüttel / im neuen Airport Plaza (zwischen Terminal 1 + 2) täglich: 6-23 Uhr

Tourist Information CCH Konzertkasse
Ausgang Dammtorbahnhof/Dag-Hammaskjöld-Platz
Mo.-Fr. 8-19.45 Uhr, Sa. 10-16 Uhr

Veranstaltungen
siehe jährlich wiederkehrende Veranstaltungen Seite 96-99

Zoo
Hagenbecks Tierpark,
Tel. 530033-0, tägl. ab 9 Uhr

Kraichgau Verlag GmbH
Röhringstrasse 1, 76698 Ubstadt-Weiher
Briefadresse: Postfach 11 40, 76695 Ubstadt-Weiher
Telefon 07251/961630 und -31, Fax 07251/961632
e-mail: info@kraichgau-verlag.de

Text: Wolfgang Kootz, Bammental
Gestaltung und Konzeption: Ines Merkel Grafikdesign, Gaggenau
Druck: Kraft Druck GmbH, Ettlingen
Fotos: Alle Aufnahmen im Archiv des Herausgebers, außer
Krüger Bild-Nr.: 3, 6, 7, 11, 21, 30, 31, 36, 41, 44-51 (1x), 55, 59, 60, 63, 66, 68, 76, 77, 78, 87, 88, 93, 96, 98, 99, 110, 111, 115, 132, Titelbild // Landesmedienzentrum Bild-Nr.: 2 // Matthias Friedel/Luftbildfotografie Bild-Nr.: 5 // Merlin Entertainments/Hamburg Dungeon Bild-Nr.: 74 // Miniatur Wunderland Bild-Nr.: 71, 72, 73 // MKG Hamburg/Marcelo Hernandez (Außenansicht), Michael Bernhardi (Spiegel-Kantine) Bild-Nr.: 90, 92 // panthermedia.net/mstrokosch Bild-Nr.: 29 // Reitmann Bild-Nr.: 67 // 123RF/sergein Bild-Nr.: 69 // Spicy's Gewürzmuseum Bild-Nr.: 75 // Staatsarchiv Bild-Nr.: 1 // Rieck Haus/Stefan Timmann Bild-Nr.: 119 // Timm Bild-Nr.: 24, 25, 26, 44-51 (2x), 56, 58, 62, 64, 65, 100, 104-107, 108, 114 // Waldkirch 4, 13, 22, 23, 27, 28, 35, 42, 43, 44-51 (5x), 52, 53, 54, 57, 70, 79, 80, 81, 82, 83, 84, 89, 94, 97, 101, 102, 103, 112, 113, 117, 120, 121, 122, 123-125 (3x), 126, 127, 128, 129, 130, 131 // Waldkirch (4x), Krüger (2x) + Timm (1x): Rückseite Umschlag // Hamburger Kunsthalle/Elke Walford/bpk Bild-Nr.: 95 // Fotolia/JiSign: Umschlag Klappen // Hamburg Museum/Michael Zapf (Gebäude), Angela Franke (Hamburgtisch) Bild-Nr.: 37-39 // Zollmuseum Bild-Nr.: 85, 86
Stadtplan erstellt von KartenGrafik Thomas Vogelmann (www.kartengrafik.de)
Nahverkehrsplan mit freundlicher Genehmigung der HVV GmbH, Hamburg

Von diesem Reiseführer gibt es auch eine englische, französische, italienische, spanische und russische Ausgabe.

In der gleichen Reihe sind bisher folgende Reiseführer erschienen: Bodensee – Elsass – Frankfurt am Main – Bremen – Ludwigsburg – Straßburg – Stuttgart

Alle Angaben ohne Gewähr. Für Fehler können wir keine Haftung übernehmen. Ihre Anregungen und Korrekturhinweise greifen wir gerne auf: info@kraichgau-verlag.de

ISBN 978-3-938541-17-2